ワンネスの扉

心に魂のスペースを開くと宇宙がやってくる

ジュリアン・シャムルワ 著
Julien Chameroy

Doorway to Oneness

ナチュラルスピリット

まえがき

企画・プロデュース
光田菜央子

1980年に生まれ、フランスはブルゴーニュ地方の田舎で育ったジュリアンは、霊的探求者が何年もの瞑想や修行ののち、ようやく垣間見るであろう至高体験、ワンネスの世界をあるときから頻繁に経験するようになります。人前でも、スーパーで買い物をしているときでも不意にワンネス状態に入り、感動のあまり泣き崩れてしまう。なぜ、そのような体験が頻繁に起こるのかわからない。何がきっかけで起こるのかもわからない……。もしや、自分は気が狂ってしまったのかとさえ悩みます。しかし、その体験は、高校2年のある夏の日に始まった宇宙人との交流からもたらされたものでした。

友達とUFOを見た直後から、ジュリアンは誰かに観察されているような気配を感じ始めます。その存在を感じた夜、決まって見るのは宇宙人の夢。しかも、じきに彼らは毎晩のようにジュリアンの部屋に現れ、少しずつ自身の存在をアピールするようになっていきます。目には見えないけれど、はっきりと感じる彼らの存在。恐怖で気絶するように寝入る夜が続く。いったい彼らは何の目的でやってくるのか……？

それがどのような体験に発展していったか、ぜひ本書をお楽しみください。

私がジュリアンと知り合ったのは、２００４年の９月。参加するビジネス系ツアーで２日ほどパリに滞在すると友人に伝えたところ「フランスに住んでいる姉の家に、不思議な体験をしている男の子がときどき遊びに来るんだけど、スピリチュアルな話ができる人がまわりにあまりいないらしいので、あなた、パリに行ったら彼の話を聞いてあげて」と連絡があったことから。それがどんな体験なのか事前に聞くことなくジュリアンと会い、彼がこれから通うというソルボンヌ大学の図書館に案内してもらったり、当時パリにはほとんどなかった菜食のレストランを探しまわったりと、夕方までずっとパリの街を歩きまわりました。が、彼から特に「スピ系」の話題は出ず、私も無理に聞き出すこともせずで、ジュリアンが自分の体験を少しずつ開示してくれるようになったのは、帰国後、メールのやりとりが始まってからでした。この本の原稿を読んで、ようやく彼がなぜあの日私に何も話さなかったのかを理解しました。話して大丈夫かどうか、私は推し量られていたわけですね（笑）。

そのジュリアンとのご縁ももう15年になります。この間に二度ほどジュリアンの「お話し会」を開催しました。第一回目は２００９年1月。友達と日本に遊びに来るというので少人数のお話し会を企画。20人でも集まればと告知をしたところ、ほんの数時間で約80名のお申し込み。「謎のフランス人来日」というキャッチコピーがよかったのか何なのか、定員よりキャンセル待ちのほうが多いという人気ぶりで、急きょ二回目を開くことにしましたが、まったく無名の、私がパリで知り合ったというだけの人の話を聞きに、なぜこんなに人が集まったんだろうと、実は長年不思議に思っていました。

その理由の一端がわかったのは２０１６年の春。ツアーで訪れた南仏に合流してきたジュリアンと朝食をとりながら話をしていたところ、驚くべき事実を彼の口から聞くことになりました。ジュリアンによると、あの日本旅行が決まった後、メッセージをときどき受けていた宇宙存在から何度も「ナオコに東京に行くことをメールしなさい」という指令があったんだとか。大学の試験勉強中でとても日本語でメールを書く余裕がなかったので「今は無理」

と無視をしたら、しつこく何度も「ナオコにメールを！」と命令がきたそうで、となると、あのお話し会、私が自分で企画したとばかり思っていましたが、実は大いなる宇宙の計画が背後にあり、単に私はその通りに動いただけだったのかもしれません。

２０１７年の秋に開催したお話し会は、宇宙存在からのダイレクトな依頼で開かれ、そのお話し会がきっかけでこの本が生まれました。さて、この本の誕生から次は何が生まれるのでしょうか。私も楽しみに待ちたいと思います。

この本はジュリアンがフランス語で書いた原稿を日本語に翻訳したものではなく、彼自身が独学で身につけた日本語で直接書いています。どんな言語であってもなかなか表現しにくい彼の体験を言語化するために、ジュリアンも私も悪銭苦闘した数ヵ月でした。ワンネス体験のない左脳人間の私が、届いた原稿の不明点をジュリアンに質問し、彼が第二言語である日本語でそれに答え、その説明を文章にしていくという流れ。しかも質問そのものが「ここに書いてある愛ってどんな愛？」「宇宙と一体になるってどんな感じ？」「ここでのワンネス体験をもう少し具体的に説明して」というものばかりで、どんなに脳を絞っても隔靴掻痒の感は否めずです。実際ジュリアンは、ワンネス体験は魂で経験するもので脳を使ったとたんに終了すると言っていますから、文章化には限界があることをご容赦ください。
ちなみに私の手が入っているのは全体の2割ほど。ほとんどの文章はジュリアンが自分で書いています。昨年の春より少しずつパリから届いた原稿は、冒頭から躍動感のある文章で、しかも私の想像をはるかに超えており、毎回届くのを楽しみにしていました。ジュリアンのこれまでの魂の旅を、まず最初に日本で紹介することになったご縁も不思議です。

最後に、この本の出版を快諾してくださった株式会社ナチュラルスピリットの今井博揮社長、編集を担当してくださった秋田幸子さん、素敵な装幀に仕上げてくださった斉藤よしのぶさん、そして最初に原稿に目を通し、さまざまにアドバイスをくださった株式会社風雲舎の山平松生社長に厚く御礼申し上げます。

それでは、ジュリアンが体験したワンネスの世界をお楽しみください。この本が皆様を多次元宇宙にいざなう一冊になりますことを祈念しつつ。

ワンネスの扉 目次

まえがき　光田菜央子……1

1章　出遭い　11

はじめて見たＵＦＯ……11
未知への憧れ……15
「見える世界」と「見えない世界」のはざま……18
クロードと天体望遠鏡……23
気配……26
見えない〝訪れ〟……32
波動という現象……37

2章　〝訪れ〟の変化　42

真っ赤に輝いたＵＦＯ……42
深まりゆく気配……51
ソフィーとのチャネリング体験……55
グラウンディング……61

3章　2004年夏、パリ　66
シナジー……66
波動のトレーニング……70
宇宙人とのコミュニケーション……74
記憶の殻……80
二人の「僕」……86
4章　ワンネス　90
かいま見た地球……90
躍動する宇宙……92
ワンネスの体験……96
感動の花……102
ガイアの叫び……108
魂との架け橋……111
思念の雲……113
エネルギー体とスピリット……115
ワンネス体験のステージ……118
ワンネスと時間……123
「脳の声」と「魂の声」……126

5章 ワンネスと日常世界 132
宇宙へ旅する……132
ワンネスへの道を消した日……134
多次元の感覚で日々を生きる……138
ノンローカルな魂の次元……142
個人の意識から集合意識へのアセンション……151

6章 エピローグ 160
アニアのこと……160
バランス……175
日本での講演会……183

あとがき……190

ワンネスの扉

心に魂のスペースを開くと
宇宙がやってくる

1章 出遭い

はじめて見たUFO

あのころ僕は16歳。高校2年生だった。

1997年7月27日、当時住んでいたブルゴーニュの地方紙 *"Le Bien Public"* に載った見出しを、今でもはっきりと思い出すことができる。「今夜、月と木星が大接近！」とあった。知り合いから借りていた天体望遠鏡を使うチャンスがついに来たと心が弾んだ。近所に住むジャンの家にはまさに天体観測にうってつけのテラスがあった。そこで天体望遠鏡を組み立て、レンズを調整し、まずは月面のクレーターを見ようとした。天体望遠鏡を使うのは二人とも初めてだったので夢中になった。

月と木星の接近は夜9時半頃。ジャンの両親の目を気にしながらタバコを吸い、昼間の暑さが残る夜を楽しんだ。9時半、月のすぐ下に木星が移動してきた。雲ひとつない宵の空。三日月。その下にエメラルド色の木星が光り、夜の闇が迫る空に宝石が輝いている。

すばらしい光景だった。ピントを合わせると、木星の縞模様がはっきり見えた。おう、すごい。太陽系の大きさをおぼろげながらつかんだ気がして、太陽系や宇宙のなかに生きているという実感が湧いてきた。遠く離れた月と木星の接近で、自分の存在を確かめることができた感じだった。並んでいた月と木星はやがてゆっくりと離れていき、接近があったことなど忘れてしまったかのようにふだんの夜空に戻った。

だがそれはこの夜のショーの始まりにすぎなかった。ジャンとしばらくあちこちの星を眺めていると、いつのまにか白く発光する大きな星が目の前に現れた。先に見つけたのは僕だった。「おい、あれなんだ?」天体望遠鏡を覗いていたジャンに声をかけた。星は左から右に移動して消えた。遠くではない。つい目と鼻の先という感じだったので、星ではないことがわかった。そのとき、心に何かが響いた。言葉のメッセージではなく、〈……よく見てね〉という軽い感覚だった。僕は驚いた。二人とも無言で空を見つめ、次に現れるのを待った。また現れるに違いない。

来た！　そいつは今度は少し離れた空に出現し、見せつけるかのように黒い空にZを描いてスッと消えた。やはり星ではない。最初はびっくりしたが、光は遠くの空を飛んでいたから、なんとなく安心できた。きっとこれはUFOショーだ。そう受けとめたら楽しくなってきた。

さあ、次は何だ？

次に見たのはジグザグに動く光だった。光の線を描いていきなり現れたかと思うと、一瞬で消えた。「あいつ、UFOであることを知らせたいらしい」と、僕らの心にもゆとりが生まれた。空のずっと遠くに現れたその光は、線を描きながらディジョンの町のほうに向かって消えた。

当時、ブルゴーニュ地方のディジョンではUFOがよく目撃されていた。夏になると毎年のように新聞にはUFO特集が組まれた。おかげで目撃したときの観測レポートの書き方も心得ていたので、さっそくジャンと一緒に必要項目を記録することにした。

「場所、シャンボール・ミュジニー村」

「1997年7月27日、夜12時半」

「目撃者、ジュリアンとジャン」

ＵＦＯの位置と大きさ、観測地点からのおおよその距離、移動方向などもきちんと書きとめた。月と木星の接近から2時間半以上がたっていた。一瞬の出来事だった。警察に届ける勇気はなかった。

その夜、ジャンの家から歩いて5分とかからない自分の家まで帰ることが、なんとなく怖かった。「泊まってもいい？」と聞いてはみたものの、結局、僕は空を見上げながら一人で歩いて帰った。

翌日、ジャンに昨夜のことを話してみた。彼は言った。「よく考えたけど、ゆうべ見たのはＵＦＯじゃないと思うよ。ただの流れ星だったんじゃない？」それから二度とあの夜について彼と話すことはなかった。

実をいうと、僕は心のどこかでその出遭いを待っていた。偶然ではない。そうなるまでの過程があり、そろそろだと感じていた。数年前から少しずつ、ＵＦＯを見たり宇宙人とコンタクトする準備が自分のなかで密かに進んでいたと思う。だからＵＦＯを見たとき、来るものが来た、と心の奥底では喜んでもいたのだ。

未知への憧れ

1980年に生まれた僕は、ごく普通の子どもだった。動物や自然が大好きで、星や宇宙に魅せられた、どこにでもいるような少年だった。フランスで80年代のはじめに生まれた子どもたちは、テレビで大人気だった日本のアニメに夢中になった。『銀河鉄道999』、『鉄腕アトム』、『ドラゴンボール』など。こういったアニメは、人間以外の生きものとの交流や、人間の無限の可能性や、地球だけでなく宇宙のあちこちに生命があふれていることを僕たちに教えてくれた。授業の合間にはよくそんな話をして、クラスで盛り上がっていた。だから僕は宇宙人の存在を当たり前に感じ、宇宙人たちはいつか地球にやってくるものと思いこんでいた。

本やテレビでUFOの情報を見ると、不思議と生き生きした気持ちになり、魂が目覚めるような新鮮な感覚に襲われた。その感覚は今でも心深く残っている。母によれば、僕は3歳のとき、唐突に「ブラックホールに入っても無線で宇宙船と話せるの？」と聞いたらしい。人間には宇宙のどこへでも行ける技術があると信じていたのだ。でも、だんだん80年代の技術水準なんてハイファイステレオやカラーテレビ程度にすぎないことがわかって、がっかりした。現実に目覚めていったのだ。

当時はまだソ連が存在し、鉄のカーテンがヨーロッパを分断していた。ソ連のプロパガンダのせいで東側からの情報は極端に少なく、テレビに流れる共産圏のイメージはまるで宇宙のどこかの惑星のように思えた。「なぜあそこには行けないの？」と母親に聞いても、その答えに納得いかなかった。どうして地球の土地は国ごとに分けられているのだろう？なんであっちに行くことができないんだろう？僕には謎だらけで、ただ向こうの生活や習慣をひとり想像して楽しんでいた。

「僕たちは白人。でも世界には黒人もいるし、黄色人種のアジア人もいるよね」「白人がアジアに行ったら、彼らはびっくりする？」母はいつもこういうわけのわからない質問攻めにあって困惑していたに違いない。自分と異なる文化圏で生きている人たちや暮らしにとても興味があったのだ。身体つきや習慣や文化が違う白人と黒人、アジア人がはじめて出会ったときの驚きや、そこから生まれる化学反応を想像するのが楽しかった。

6歳のとき、両親と僕の三人は大自然に囲まれた山のふもとの村に引っ越した。この村での経験が、僕が目に見えない世界に触れた出発点だったと思う。そもそもこの村自体、フランスでUFOがよく見られる場所として有名だったのだ。村を見下ろす山の頂きにはテレビやラジオの電波を中継する大きなアンテナが立っていた。その山は「Mont Afrique（アフリカ山）」と呼ばれ、昔フランスの植民地だったアルジェリアに向けて電波を送っていたことからこの名前がついたらしい。小学1年生からの6年間、山々に囲まれた400人ほどのこの小さな村で僕は暮らした。

そのとき住んだ家のことは今でも鮮明に憶えている。この家での経験も、僕を目に見えない世界へ誘い込む要因のひとつになった。ここに越してしばらくした頃、以前この家に住んでいた家族についての噂を耳にした。一家の主人が家族を皆殺しにしようとして、奥さんと子どもたちは逃げ、主人は最後に自殺したというものだった。僕はそこに住みながら、彼の霊が出てきませんようにと、よく祈った。

その家には、なぜか近づくのが怖い場所が存在した。僕の部屋の前の廊下だ。リビングや台所に行くには必ず通らねばならないのに、その廊下を通るのがとても嫌だった。夜になると廊下の電気をつけてリビングから小走りに自分の部屋まで戻る。節約のため、できるだけ電気はつけないよう母親から言われていた。だけどこの廊下だけはどうしても電気をつけずにいられない。そこにはいつも誰かがいるような強烈な感覚があった。見えないけど何かを感じる。自殺した主人の霊だったかどうかはわからない。ときどき、夜になると誰かが廊下に立っている感覚がじかに皮膚に伝わってくる。部屋に戻るときは、気のせいだと自分に言い聞かせたり大声で歌ったりして部屋まで駆け込んだ。怖くて胸がドキドキした。どうしてこんなに怖いのか？　自分でもおかしいと思うのに、考えるより先に肌で感じるのだ。ある日、母に「この家には何かが住んでいる」と言うと、「そうね。確かに、ときどき何かがいるような感じがするわ」とうなずいた。

そこから引っ越すまでの6年間、その感覚はずっと続いた。「幽霊なんて存在しない！」と両親はいつも言っていた。でも、その言葉とは矛盾する感覚がつねにつきまとっていた。例の廊下を通るときは、親の言葉を繰り返して、その言葉を信じようとした。それを感じる感覚器官を閉ざそうとしたのだと思う。

「見える世界」と「見えない世界」のはざま

この村のあと、僕らは二度引っ越した。ディジョン、その次がはじめてＵＦＯを見たシャンボール・ミュジニー村だ。ディジョンは比較的大きな町だったが、シャンボール・ミュジニー村はディジョン郊外の有名なワイン産地で、小学時代に暮らした村よりもさらに田舎の、葡萄畑に囲まれた350人ほどの小さな村。今にして思えば、僕はこの村で少しずつUFOを見るための準備を積みかさねていたのだろう。というのも、そこは16歳の僕にとってかなり退屈な環境で、これという娯楽もなく、夢中になれることが何もなかったので本に救いを求めたのだ。

小説に興味のなかった僕は、刺激を求めて超常現象本のコーナーに立ち寄り、何冊も買い込んでは読みあさった。村のスーパーにもテレパシーやUFOといった超常現象に関する本が10冊ぐらい置いてあり、新しい本を見つけては片っ端から読んだ。当時のUFO本は、そのほとんどがアメリカの誘拐事件に関するものだった。90年代当時のアメリカでは、ショートグレイと呼ばれる目の大きい灰色の宇宙人が人間を誘拐して人体実験をほどこし、その後解放する、というたぐいの本が何冊も出版されていた。だから、てっきり宇宙人とはそういうものだと思いこんだ。

こうした宇宙人による誘拐と手術に関する本では、物質的な痕跡が重視されていた。科学的な装いをまとわせたのだ。おかげで物質レベルを頼りにする研究者たちは「物質的な痕跡」

が残る現象ばかり追いかけていた。多くの人と同じように、僕も物質的な現象つまり「目に見えるもの」が現実であるという立場をとり、「目に見えない世界を証明する目に見えるものがあるか」という観点からUFOの謎を解き明かそうとした。アメリカの誘拐ものの本に夢中になっていたときにUFOに出遭わなくてよかったと心から思う。その頃の僕は人間を実験材料扱いするような宇宙人に憤慨していたから、会いたいとも思っていなかったが。

　けれども僕の関心は、少しずつ「目に見える世界」と「目に見えない世界」の境界に向かっていった。UFOの誘拐事件や物質的現象というレベルを超えた、宇宙人についてのもっと新しい情報を求めるようになったのだ。UFO以外の本、たとえば瞑想や占い、ダウジングのやり方や霊能者の体験談のようなものも読みはじめ、通信販売でペンデュラム（振り子）を買ってダウジングの練習に精を出した。手に持ったペンデュラムが右回りすれば質問の答えはイエス、左回りならノーという、潜在意識からの回答を求める方法だ。地下水や石油の採掘場所を探し、曲がった針金とか棒を持って歩きまわる人の絵を見たことがあるだろうか。あれもダウジングの一種だ。

　田舎暮らしの15歳か16歳の僕にとって、そのような広がりは救いになった。村の考え方や習慣に馴染めないせいか、友達をつくることが難しく、1年たっても親しい友人はできなかった。ひとりの時間のほとんどは読書や文通に費やされた。

ペンデュラムの次には、テレパシーに夢中になった。本を読みながら繰り返し練習した。母親やようやくできた友達と、幾何学形などのイメージを言葉でなく意識で伝え合う。たとえば、僕が頭の中でイメージしたものを意識で相手に送り、相手は僕がイメージしたものをキャッチしようとする。ほかにやることがなかったこともあり、毎日練習をかさねた。そのおかげでテレパシー交信の成功率は徐々に上がっていき、自信も深まった。

ある日、母の運転する車に同乗して帰宅する途中、母の思いが一瞬、はっきりと聞こえた。最新モデルの車に追い越され、〈……私もああいう車を運転できたらカッコいいかもね〉という思い。意識して母の心の中を聞こうとしたわけではない。僕はなにも考えていない状態だった。思いのほうから勝手に僕のなかに飛び込んできて、声まで聞こえたのだ。その内容を母に伝えたら、「ついさっき、そう思ったところよ」と言う。これにはとても驚いた。

UFO、ペンデュラム、テレパシー……。テレパシーはそのスキルを鍛えようと猛特訓した。母、友達の次には、宇宙人を相手にテレパシーでコンタクトしようと試みた。テレパシーの解説書によれば、精神を集中できたら、まず送る宛先をインプットする。宛先とは思いを伝えたい相手だ。それをイメージするだけで「コンタクトできる」という。それからメッセージの内容を伝える。宛先のイメージを保ちながら、伝えたいメッセージを言葉ではなく気持ちで伝えるのだ。誰に送ろうか、宛先に迷った。例のショートグレイとは違う宇宙人がいいと思ったものの、結局カマキリのような顔の宇宙人しか思い浮かばなかった。とにかく「宇宙人」に送ろうと集中した。姿よりも、感覚的に宇宙人に出会うことを想像しながら簡単なメッセージを送った。「君たちに会ってみたい」と。

成功したのかダメだったのか、すぐにはわからない。母や友達が相手なら伝わったかどうかすぐわかるが、所属も居場所もはっきりしない宇宙人に「会ってみたい」というメッセージを送ったところで、手紙を入れたビンを海に流すようなものじゃないか。これじゃ一人遊びにしかならない、と僕は落胆した。

その数日後。真夜中にとつぜん目覚めて飛び起きた。心に何かが響いた。

〈会いに行くよ〉

誰かにそう言われた気がした。怖くなって僕は毛布の下にもぐり込んだ。

翌日、母に話そうと思ったが、どうしても口に出せなくて手紙に書いて渡した。しばらくしてもらった返事には「想像がふくらみすぎただけじゃない?」とあった。そうか、やっぱり気のせいか……。それが常識的な考え方というものだろう。

クロードと天体望遠鏡

文通相手を探したのもこの頃だった。雑誌で募り、連絡をくれた人に手紙を出したりするうちに、あっという間に40人を超え、毎日手紙が4通も5通も届くようになった。そのなかには超常現象に興味を持つ人もいた。いろいろな現象について体験や意見をやりとりすることで、とても解放的な気分になれた。説明できない現象に興味を持つ人たちのコミュニティを文通で立ち上げ、何時間も何日もかけてディスカッションした。

当時はフランス全土で超常現象のブームが巻き起こっていた。関連雑誌が相次いで創刊され、毎月あるテーマについてビデオつきで徹底的に紹介する月刊誌も出た。*"Facteur X"*という雑誌はその一つで、ビデオつき雑誌が発売されたのは初めてだったのですぐに大評判となった。さっそく僕はこの雑誌にも「文通相手求む」の募集を出した。

2週間後、いきなり「UFOに興味をお持ちのシャムルワさんですか?」という電話があった。すでに仕事を引退している年配の男性で、UFOを追いかけているクロードという人だった。しばらくUFOの話をしたあと、彼は「最近、UFOの写真を撮っているんですよ」と話しはじめた。数週間前から、ときどき夜中の空で何かが光っているのに気づいたという。フラッシュのような強い光が部屋に差し込み、窓に近づいてみると、空に光るものがあったそうだ。それは星が自由に動いているように見え、あわてて写真を何枚か撮ると速いスピードで消えていく。そんなことが五、六回あったという。今度写真を見せたいと言われ、会う約束をした。

ディジョンで会ったクロードはUFOのことばかり話した。当時の僕はそういう大人と会った経験もあまりなかったし、こんな内容は軽々しく口に出すものではないと考えていた。文通では体験や意見を交換できても、人前でUFOや宇宙人について話すのは抵抗があった。「君はあまりUFOの話をしないね」と問われ、「こんな話は誰ともしたことがないし、まだ会ったばかりだから」と苦しい説明をした。「写真を見せてください」と頼むと、クロードはアルバムを取り出した。アルバムができるほど撮ったのかと僕はびっくりした。

写真には、黒い空の中に普通の星よりわずかに強い光が一つ、写っていた。「この光っているのが、あの日見たUFOなんだ」とクロード。そう言われても、その光の点がUFOだという確証はないと思った。UFOの写真を口実に、話し相手のいない寂しい男性に引っかかったのではないかという不安もよぎった。5枚撮ったというが、どれもただ星が写っているようにしか見えなかった。期待がはずれ、早く帰ろうと思った。当時僕が住んでいた村はディジョンからバスで45分ぐらいかかったし、週末はバスの本数も少ないので、早めに家に帰りたくなったのだ。

帰りのバスでは複雑な気持ちだった。もし本当だったら嬉しいけど、そうじゃなかったらがっかりだ。あまり期待せず、冷静に様子を見ようと思った。でも写真はどうあれ、UFOについて話せる相手が見つかったことは嬉しかった。そんな話ができる人はほかに誰もいなかったから、やはりクロードを大切にしようと思いはじめた。

次の週末、「また撮ったぞ！　今度はもっとはっきり見えるよ！」と電話があった。会って写真を見たら、確かに前よりも光が大きく写っている。でも確実にUFOだとは言い切れないと思った。冷静に考えてみれば、こんな頻繁にUFOの写真が撮れるなんて、それ自体ちょっとおかしいのではないか。

彼は週に一度くらい夜中に光で起こされ、窓の外を見るとUFOがいて、不思議な飛び方を見せてくれると言う。面白い話だが、それを証明するにはその写真だけでは証拠不十分だ。でもUFOの飛び方を説明するクロードは真剣そのもので、本当かもしれないという気もしてくる。

「僕たちは宇宙人とコンタクトできたんだよ！　今度は君の番だ！」と言う彼に、「僕は関係ないですよ。ＵＦＯを見ても意味ないし」「そんなことはどうだっていい。君も見ると思う、きっと」こんな押し問答が繰り返された。僕はこれほどのテクノロジーを使ってＵＦＯを操作できる宇宙人やその知性には惹かれていたが、彼らが作った物にはさほど興味がなかった。

　クロードは天体望遠鏡を持っていて、使ったことがない僕に、あるとき「これを使ってみて」と家まで持ってきてくれた。いつどう使えばいいかもわからず、僕はベッドの下に置きっ放しにしていた。そして新聞で「月と木星が大接近」の見出しを目にしたとき、天体望遠鏡を使う機会はこれだ、と思ったのだった。それから大きなテラスのある家に住んでいる友達に連絡したことはすでに書いた通りだ。

　こうして月と木星の大接近のその夜、僕はＵＦＯに出遭うことになっていたのだろう。

気配

ＵＦＯを見た翌日、クロードに電話をした。「僕も見た。写真も撮った！」とクロードは弾んだ声を上げた。同じ日、同じ時刻に、彼もあのＵＦＯの写真を撮っていた。あのとき、ＵＦＯはディジョンの方角へ消えたから同じＵＦＯだろう。彼の話は本当だったんだと確認できた気がした。嬉しかった。でも、ＵＦＯを見たら次は誘拐？……などと考えているうちに怖くなった。遊びの枠を超えてしまったと思い、身体が震えた。夜がだんだん怖くなり、もしかしたら僕を誘拐するためにＵＦＯがやって来るんじゃないかという不安が湧いてくる。夜はひとけのない場所を歩かないように気をつけた。

ＵＦＯを見て以来、僕は何かに観察されているという気配を感じるようになった。昼も夜も誰かが僕を見ているような、それまでになかった奇妙な強い感覚が始まった。シャワーを浴びる前には必ず窓をチェックした。

とあるそんな土曜日の夜中、ふと目が覚めると、部屋全体が見えた。目が覚めたといっても意識だけで、まぶたは閉じたままだ。でも部屋全体が見える。へんだ、どうしたんだろう？と思った瞬間、頭の中に〈ＵＦＯを見たい？　いま外にいるよ〉と声がした。恐怖でゾッとした。母が言った通り、宇宙人の誘拐本を読みすぎたのかもしれない。あらかじめ想定していたような、宇宙人と会って話をしたり船内を案内してもらうというシナリオより、誘拐や人体実験のことばかりが頭に浮かんだ。その村は住民も少なく僕の部屋は二階だったから、

「助けて！」と叫んでも誰も助けには来てくれないだろう。そう思ったら、いっそう怖くなった。――なにも聞こえなかった、あの声は想像の産物だ。おまえは想像力がありすぎる、これは不安がつくり出した仮想現実にすぎない――そう自分に言い聞かせて、また寝ようとした。

そのときふたたび、〈待っているよ〉と心に響いた。今度は部屋の中だけでなく、外まで見えた。向かいの家や街灯が見え、光る何かが空に浮かんでいるのが、ちらっと見えた。それで十分だった。

怖いから今は見たくない、と心の中で返事をし、毛布にもぐり込んで眠った。さっき聞こえた声は、母親とのテレパシーのときよりずっと丁寧で優しい話し方だった。風がそっと吹くように僕の心に響いた。

翌朝、電話で起こされた。「撮ったよ！　また一枚！」クロードの声だった。

こうして木星と月の大接近の日にUFOを見て以来、何者とも特定できない存在とのデリケートなコミュニケーションが始まった。最初は気のせいだ、思春期に特有の不安定な心理状態がもたらす想像の産物だと思っていたが、時間の経過とともに、日々起こる事実を否定するのが難しくなっていった。それはいつも風のささやきのような印象で、ふいに僕の心に響く。想像していた宇宙人との出会いはもっと物理的で具体的なものだった。これはフランス文化の影響に違いない。論理から外れたことは簡単に受け入れられないのだ。そう察した彼らは、もっと強烈なアプローチを試みはじめたようだった。ただの「気のせい」ではすまないほど家の中に彼らの気配が強くなった。それは幾度となく起こった。

具体的なパターンはだいたいこんな感じだった。夕方くらいに〈今晩、来る〉と軽く心に響く。家に帰ると、どことなく雰囲気が違う。電気が消えた部屋に入るとわけもなく怖くなる。誰かが後をつけてきたような感覚。しばらくすると、誰かに見られている気がする。夜8時を過ぎた頃から、近くに誰かがいるような感覚が始まる。振り払おう、忘れようとしても意識に戻ってくる。部屋中の明かりをつけ、誰もいないのを目で確認しても、その感覚はずっと残る。時間とともに感覚は強まり、気配の数まで感じるようになる。

そのうち、否定しきれないほどはっきりとその気配を感じる。目で確認できないため、「見える世界」と「感じる現象」が頭の中でせめぎあいを始める。どちらが正しいのか。そこに矛盾が生まれる。身体の感覚をとるか、誰もいないと何度も目で確認した事実をとるか。

10時をまわると、ドアのすぐ後ろに誰かがいる気配、息づかいがはっきりしてくる。もしドアを開けたら、目の前に誰かが立っている気がして恐怖が高まる。

音楽をかけてテレビをつけ、電気も全部つけて部屋に閉じこもる。友達に電話をしているあいだは多少気が紛れるが、話が終わればまた気配を感じる。

深夜11時、12時になると、翌日学校があるから寝なければと思う。あまりの怖さに汗が出てくる。でもなんとか寝ようと、テレビも電気もつけっぱなしで毛布の下に全身を隠す。すると気配がドアを通り抜けて部屋に入ってくる。毛布の下の僕の顔に、気配の顔が近づく。その時点で恐怖は最高潮に達する。心臓の鼓動が早鐘のように強く耳に響き、全身汗だくだ。そして意識が途切れる。

次の朝、目覚まし時計で起こされると、まだ気配は消えていない。でも夜ほどは強くない。「まだいるのか！」と文句を言う。「本当に迷惑だ！」と跳ね起き、新しい一日がスタートする。

こんな現象がＵＦＯを見たときから週に数回、数年間ずっと続いた。最初は、以前その家に住んでいて居残っている霊かと思っていた。でも気配があった夜に見る夢は、魂や霊ではなく宇宙人に関するものだった。夜のあいだ、具体的に何が起こっているのかはわからない。でも何かが起こっている。その感覚は確かなのだが、目が覚めてから夜中の記憶を思い出そうとしても思い出せなかった。

UFOを撮影していたクロードに気配について話すと、「記憶がないなら気のせいだろう。UFOは科学的に研究しないと。物理的な証拠がなければ話が進まない」と言われた。確かに物理的なことを何も示せないんだから話にならない、と僕も同意するしかなかった。だがいくらそう思おうとしても、気配がやってきたときの恐怖は無視できない。その感覚が全身に起こる以上、思い過ごしではすまされない何かがあるのはわかっていた。

目で見える世界に頼っていた自分にとって、これはとても矛盾した感覚だった。もしかして僕は狂っているのか？僕一人の体験であれば思い過ごしだと認めよう、と引き下がることもあった。問いに問いを重ね、否定と肯定の振り子のなかで僕は迷子になった。

ある日、女友達のオレリーにクロードとUFOの写真の話をしてみた。オレリーは高校の同級生だ。UFOの話に興味が湧いたらしく、次の土曜日、一緒にクロードの家を訪ねることにした。彼の家で写真を見せてもらうと、オレリーは「宇宙人って本当に存在するのね！よかった！」と言い、僕のほうを振り向いてこう続けた。

「ありがとう。彼らがいることがわかって、とても嬉しい」

素直なすてきな気持ちだな、と僕は思った。

月曜日、高校で会うと彼女は妙なことを言い出した。

「土曜日の夜、家に帰ったら、私の部屋で微妙な気配がしたの。きっと彼らじゃない？」

「気配？　どういうこと？」

「誰かがいるような感覚。だけど見えないの。入口にずっと立っているみたいだった」

「怖くなかった？」

「どうして？」

「目に見えない気配がしたんだろ？」

「すぐ眠ってしまったし、あまり深く考えなかったわ」

へえ、彼女も気配を体験したのか。僕以外の人間も同じ体験をするということは、自分が狂っていない証拠だ。嬉しかった。話し相手がまた一人できたこともありがたかった。

見えない〝訪れ〟

フランスの高校は試験が多い。高校は日本と同じ3年間だが、3年生になるとバカロレアという統一卒業試験に向けた準備が始まる。新学年は9月に始まり、卒業試験は6月。7月と8月の2ヵ月間は夏休みで、僕がはじめてUFOを見たのは17歳になるちょっと前、高校2年が終わった夏休みのことだった。

気配はUFOを見た直後から感じるようになり、週に二、三回ぐらい起こっていた。僕はそれを〝訪れ〟(Visite)と呼びはじめた。そのうち、夜だけじゃなく真っ昼間にも誰かに観察されている感じがするようになった。気のせいだと忘れられるような程度ではなく、誰かに見られているという強い感覚があった。何が起こっているのかわからないまま、恐ろしい夜を繰り返し経験させられる。どう考えてもこれは僕のプライバシーへの侵害だし、宇宙人はやりすぎだ。何度も抵抗したが、事態は何も変わらなかった。怒っても、懇願しても、気配は消えてくれない。感じるものと、目には何も見えないという現実との矛盾。自分の心理状態や精神状態を何度も疑った。ことあるごとに自分の考えを確認し、現実感を失っていないかどうかチェックした。

〝訪れ〟は頻繁に起こり、パターンも少しずつ変化していった。午後2時すぎ、〈今晩、来る〉という感覚が心に響く。はじめは気のせいにしていたが、その夜には必ず〝訪れ〟があるので、じきにそういうものかと学んだ。

午後5時ごろ、観察されているような感覚が始まる。その感覚はどこにいても誰といても離れない。たとえばこんな感じだ。テレビのドキュメンタリーカメラが僕を無言で撮影している。その僕の姿を、カメラ越しに多くの人が見ている。向こうは僕を執拗に追っているが、僕には撮影者の姿が見えない。その感覚は時間とともにだんだん強くなる。カメラマンが近づいてくるような感じ。目をつむるとすぐ近くに彼の存在を感じる。でも目を開けても見えない。夕方、太陽が沈み、影が濃くなる。すると理由もなく、暗いところが怖くなる。できるだけ明るい道を選んで家まで帰る。自宅に着くまで誰かにつけられている気がする。でも何度振り返っても誰もいない。8時ぐらいになると、何かが家の中にいるような感覚がしてくる。それは必ず玄関からやって来た。

　気配はいつも玄関のドアを通り抜けて家に入ってくる。ドアや壁を抜けられるのなら、どこから入ってもいいじゃないか、と文句のひとつも言いたくなった。夜の8時か9時頃まで、気配はなぜか玄関あたりにじっとたたずんでいる。そのうち波動が変わり、存在感がどんどん強くなる。何かがいることは確実なのに、目では確認できない。電気を全部つけていくら見渡しても何もいない。だが存在する。玄関のほうに行くと鳥肌が立つ。なぜだろう？目に見えるのはただの玄関だ。なのに恐ろしさで皮膚が粟立ち、叫び出したくなる。ここに居たくない。いったい何が怖いんだろう、目で見るかぎり何もいないのに……。

そこから僕の頭の中で、僕ともう一人の僕との長い心の戦いが開始される。五感で感知したものを信じたがる僕と、不可思議な感覚を受け入れようとする僕との戦いだ。

いつもの僕は五感で一つずつ、何度も確認する。目を凝らしても何も見えない。話しかけても返事は聞こえない。気配《いこ》がする場所に手を伸ばしても何にも触れない。匂いもしない。だから、そんな現象は存在するはずがないと結論を下す。

それでも依然として気配《い》はある。「波動」を感じる。そいつらは波動を強めたり弱めたりすることで存在感を調節している。存在感が強まると、恐怖も強くなる。存在感が弱まるとちょっと安心する。いったい、僕の身体のどの器官がこの波動を刺激として受け取っているのだろう？ 目や耳ではない。皮膚でもない。

夜9時を過ぎると、気配《い》は玄関から僕の部屋の前に移動し、そこでしばらく待っている。ドアのすぐ背後にいることが僕にはわかる。ドアに背中を向けるわけにはいかない。1秒でも目を離せば、その隙にそいつは部屋に入ってくるに違いない。存在感が強くなったり弱くなったりするたび、僕の身体も反応する。存在感が強くなると動悸がして体温が上がり、危機感に襲われる。弱まると少し落ち着く。気配《い》というこの現象に対して、身体がまるでサーモスタットのように反応するのだ。

その後、もう一つの現象が起こる。
気配をどうにか無視しようと必死に努力していると、かえって彼らは僕に向けて存在感を強め、僕の意識に入り込もうとするかのようだった。さらに僕の意識を彼らに向けさせるためなのか、今度は耳鳴りが始まる。耳鳴りと書いたが、耳の奥で聞こえるのは僕の身体の音ではなく、耳の奥に入った何かが発しているような音だ。はじめ小さかった音が次第に大きくなり、耳鳴りがするほうの耳は外の音を聞き取れなくなる。そしてその音が始まると自動的に彼らのことが意識にのぼるので、宇宙人はその後何年も、耳の奥で鳴るこの音を僕にコンタクトするときのシグナルとして使うようになった。

　そろそろ寝なければいけない時間になる。恐怖心を抱いてテレビをつけたままベッドに入り、早く眠れるようにひたすら祈る。すると気配は部屋に入ってきて、毛布の下に隠れている僕の顔に自分の顔を近づけてくる。恐怖で汗がどっと吹き出す。耳の奥で、今度は自分の心臓がドックンドックンと鳴り響く。これ以上は我慢できない。気絶してしまいたい。そこで意識が途切れる。

　この一連の現象は、高校2年が終わった夏から卒業するまで、きまって週に何度かやって来た。だが一度だけ、〝訪れ〟の回数が増えたことがある。3年生の2学期、期末試験前の

1週間には毎日〝訪れ〟があった。ちょうど試験勉強が一番ハードだったときで、僕は「本当に迷惑だ！」と怒鳴った。当時の僕にとって、彼らは試験勉強の邪魔をしにくる迷惑な存在でしかなかった。でも数年後、どうしてこの時期に〝訪れ〟が頻繁になったのか、その理由がわかった。それはこういうことだ。試験勉強に集中していると、自分と魂とのあいだに隙間ができる。魂を覆っている自我が薄くなり、いわば魂が解放された状態に近くなるのだ。だからひたすら勉強に没頭していたあの時期、自我の覆いがとれた僕の魂は、彼らから見れば自由に関われるスペースがたっぷりあったのだろう。

波動という現象

UFOを見てからというもの、僕は「波動」という現象を体験するようになった。それ以前に波動を感じたことがあったかどうかよく憶えていない。でも彼らの存在が、視覚や聴覚といった五感でなく、波動でわかるようになったのだ。

気配が訪れると、家のどこにいるか「波動」でわかった。目に見えず、手にも触れない。

何も聞こえず味や匂いもしない。だから身体のどの器官で彼らの存在を感じているのか、わからない。当時の僕にとって感覚や感情はどうでもいいことだったし、男がそういうことを気にするのは無駄だとも思っていた。でも、気配の訪れがあったときの感覚を無視することは到底できなかった。

　彼らがやってくると部屋の雰囲気が変わった。気配はそれ自身の波動をいとも簡単に強めたり弱めたりし、僕がいる空間の波動も自由自在に調節することができた。「波動」はラジオの電波のようなもので、高くも低くも変化する。波動の変化につれて僕の反応はさまざまに変わる。それを何度も体感させられた。

　彼らの波動がごく弱いときは、なんとなく彼らのことが頭に浮かぶ。少し強くなると、誰かに見られているような感覚が生じてくる。さらに強まると部屋のどこに彼らがいるか感じられた。気配のそばに近づいてみると、目では何も見えないのに肌で存在感を強く感じて、そのギャップに驚いた。彼らの波動がもっと強くなると、目に見えなくとも彼らの背丈や大きさのシルエットがわかった。最大限に強まったときにはまるで太陽の光をさんさんと浴びているような暖かさを肌に感じ、目を閉じていても彼らがどこにいるのか、動きまわるその様子まではっきりわかる。でも次の瞬間にどうなるか想像がつかず、心臓の鼓動が身体中に響きわたった。そして彼らの波動が下がると、僕の身体感覚も鎮まった。

部屋の波動が変わることによって間接的に僕の波動が変化することもあったし、じかに僕の波動が変えられたこともあった。たとえば、疑問に思うことをぼんやり考えているとき、急に気配を感じたかと思うと、答えがポンと浮かぶことがよくあった。これは彼らから直接波動で情報を伝えられていたのだと思う。

その頃、母方の祖父が肺がんで亡くなった。母の衝撃は大きかった。親密な父娘関係にあったので母は悲しみに暮れていた。

葬儀が終わってしばらくして、母が「家の中におじいちゃんの存在を感じる」と言いはじめた。気のせいに違いない、でもそれが少しでも慰めになっているのなら……と僕は思っていた。ところが、「今日もおじいちゃんがいたわ！ 匂いがした」「夢に出てきた！」と母の体験は頻繁になり、次第にエスカレートしていった。僕は少し心配になった。いずれもとに戻るだろうと思っていたが、だんだん現実から乖離していくようで、どう接すればいいのか戸惑った。波動に敏感な僕が祖父の存在を感じないはずはない。だから母の想像の産物だろうと思っていたのだ。

そんなある晩、気配の〝訪れ〟があった。それはいつものパターンで進み、僕は恐怖で気を失うように眠ってしまった。夜中に目覚めると、気配はまだ部屋にいる。するとそのとき、祖父がベッドの上に座っているのが見えて、祖父の「波動」を感じた。亡くなった人の波動を感じたのは初めてだった。その波動は、部屋にいる例の気配のものとは明らかに異なっていた。祖父はベッドに座ったまま、じっと僕を見つめている。僕のことを心配しているのが伝わってきた。どうしてこの部屋に宇宙人がいるのか、僕が何をしているのかと訝しんでいるみたいだった。でも、祖父が心配しているということは、霊になった祖父には宇宙人が見えているのだ！ これは鮮烈な体験としてはっきり記憶に残った。

翌朝、母に言った。

「ゆうべ、おじいちゃんが来たよ。彼らもいた。おじいちゃんは僕のことを心配してたけど、僕は『おじいちゃんがどうにかできることではないから何も心配しないで』と伝えたんだ」

するとと母がこう続けた。

「そしたら、おじいちゃんが頭を下げたでしょう。全部見えていたわ、私の部屋から。夢だと思っていたけど、あれは夢じゃなかったのね」

この日、僕が学んだのは、亡くなった人の波動を認識したことだった。霊の存在が認識できたら、波動とともに霊の思いや心配、悩み、願いなどの情報が流れ込んできた。とはいってもまだすべてが漠然としていたし、感覚的に体験しただけで、どうすればいいかはまるでわからなかった。だから起こった現象を観察するにとどめようと思った。いつか役に立つだろうと、観察したこと、体験したことをつぶさに日記に書き残していくことにした。

インターネットが今ほど普及していなかった時代、それぞれの体験をどう解釈すればいいのか、誰に聞けばいいのかもわからなかった。解釈も判断もせず、ただひたすら観察に徹した。どのみち納得のいく説明はできなかったし、分析もできない。できることは、出来事をそのまま注意深く観察して詳しく記録するだけだった。そんなわけで僕は「波動」をありのままに感じ、冷静に観察することにした。観察したくないときであっても。

2章 〝訪れ〟の変化

真っ赤に輝いたUFO

僕にくらべ、オレリーはおっとりしていた。誰かに観察されている感覚や、気配の現象などを彼女もときおり体験していたが、宇宙人にも〝訪れ〟にも、とても気楽に接しているように見えた。

〝訪れ〟については僕のほうが頻繁で、彼女は僕ほど強烈な体験ではなかったようだ。ただ彼女の場合、〝訪れ〟がやってくると、その翌日に夢の形で情報が示された。

ある日、高校で会うと、オレリーが嬉しそうに話しかけてきた。

「ゆうべ、とても面白い夢を見たの。寝るまえに〝訪れ〟があって、夢の中で空から赤い紙のUFOが落ちてきたのよ。ゆっくりとね。ついに私もUFOを見るという意味だと思うわ」

「そう？ よくそんなふうに夢を解釈できるね！」

「だって、私も見たいのよ。きっとそういうお告げの夢よ」

「ふーん」

はっきり言わせてもらえば、僕はUFOなんて一度見れば十分だった。精神的なインパクトは大きかったが、何度も見る必要はないと思っていた。

サッカーのワールドカップが始まり、日本対クロアチア戦の夜のことだった。オレリーの家にはケーブルテレビがあったので、彼女の家で試合を見ることになった。せっかく日本チームが出るのだからぜひ見たかった。というのも、高校1年のときに日本からの留学生と知り合って、僕は彼にフランス語を、彼は僕に日本語を教えるという交換学習を始めていたので、僕は日本についてちょっと詳しくなっていたのだ。子どもの頃、日本のアニメに夢中になっていたこともあり、日本文化や日本語を学ぶのは楽しかった。そして日本語の文字や発音のユニークさなど勉強したことをどんどんクラスの友達に話していた。だからオレリーも日本には興味しんしんだった。

その日はちょうどオレリーの両親が泊りがけの用事で家を留守にし、家には彼女と7歳の妹しかいなかった。時差のため試合放送は深夜12時からの予定だったので、始まるまで庭でのんびり雑談をした。妹はもう寝ていた。あたりはもう暗く、見上げると満天の星。雲ひとつない、素晴らしい夏の夜空だった。漆黒の空に星々が明るく輝いている。

ふいに鳥肌が立った。

「気配を感じる？」とオレリーに聞くと、「そういう話はしないで！」と即座に答える。

「なんか感じるだろう？」

「そういう話、やめてって言ったじゃない！」

なんて頑固な返事なんだと思った瞬間、彼女は椅子から立ち上がり、「そろそろ試合の時間だから部屋に戻りましょう」と家に入ろうとする。

「ちょっと待って、ゆっくり星を眺めたいんだけど」

「だめ！」

オレリーはさっさと家に入ってしまった。

彼女の態度にムッとしつつも、一人になると身震いがして、あわてて僕もあとを追った。

ようやく試合が始まって、二人とも日本の応援に夢中になった。30分たつと展開がつまらなくなり、オレリーは日記を書きはじめ、僕は本を読みだした。試合のクライマックスはとりあえず音声でわかる。この家は川のほとりにあるので、夏は蚊が多く、窓を開けておくことはできない。田舎の家だからエアコンはないし、そもそもあまり暑くないフランスの夏に冷房は必要なかった。そんなわけで、テレビを観ていた二階の部屋の窓は閉まっていた。昼間より暑さはやわらいでいたが、室温はまだ高い。暑くても蚊に刺されるよりはマシだった。

すると急に僕は呼吸しづらくなり、こう言った。

「ちょっと窓を開けていい？　新鮮な空気が吸いたい。息が苦しくなった」

「だめ、蚊に刺されるわよ」

「5分だけでいいから」

「わかった。ちょっと待って、虫が入らないようにするから」と彼女は言い、部屋の電気を消した。「5分だけよ！」

僕は窓に駆け寄って、「ああ、涼しい空気。いい気持ち！」と思いきり息を吸い込もうと身を乗りだした。窓から庭を眺めると右手にガレージが見えた。左手は川だった。向こうに見える隣の家にはポーランド人とフランス人の家族が住み、その娘も僕たちと同じ高校に通っている。

するとガレージを照らす赤い光が見えた。その光はガレージに向けられていたので、あれっと思った。ガレージに車が入るのか出るのか、どっちなんだ？　バックするなら白い光だけど、光は赤い。変だなと思った瞬間、ガレージ全体と庭が赤い光で照らし出された。樹木の影が目の前に浮きあがり、あたり一帯が火のように赤く輝いて、梢のてっぺんまで見える。樹木の影が左から右にゆっくりと動いた。ちょっと待てよ、この光はどこから来てるんだ？……と思った瞬間、わかった。車のライトじゃない、これはＵＦＯだ！

部屋の中にいるオレリーを振り向き、話そうとしたが言葉が出てこない。頭が真っ白になった。彼女は困った顔をし、「なにか言ってる？　耳鳴りがして何も聞こえないのよ！」と両手で耳をふさいでいる。

数秒して彼女は「夢で見たＵＦＯが来たの？」と言いながら窓に駆け寄ってきた。

外にもう赤い光はなく、何も見えなかった。見たものを彼女に説明しようとすると、さっきの現象がまた始まった。家の庭全体が赤く照らし出されていた。隣の庭も、もう一軒先の庭も、川沿いの畑も、みるみる赤く染まる。

僕たちは窓辺に立ってそれを見ていた。

やがて赤い光は消えた。

「今のは屋根の上だったわね？」と彼女。

「そうだね」

「外から見てみよう！」

「うん！」一人になりたくない僕が賛成する。

二人で階下へ走った。リビングにあったデジタル時計が目に入る。「0：44」という数字が赤く光っていた（この数字はそれから何度も目にすることになる——彼らのサインとして）。

庭に出て、屋根の上を見た。だが何も見えなかった。遅すぎたのか。

あれ以上は何も見えないのか、と少しがっかりした。

気がつくと、オレリーの妹も外にいて、「ね、あれは何だったの？　あの光は何？」としつこく聞いてくる。

「ただの花火よ！」とオレリー。

「花火？　さっきＵＦＯだって言ったじゃない！」

「ちがう、花火だったよ」

「ママが帰ったら、全部言いつけるから！」妹は頑固に言い張った。

僕は家に帰った。

翌日、オレリーからその後の顚末を聞いた。

両親が翌朝帰宅して車をガレージに入れ、家に向かって庭を歩いていると、オレリーの妹が母親に駆け寄って昨夜の一件を話したという。

「ママ、昨日の夜、お空にＵＦＯがいたの」その瞬間、母親の足が何かにぶつかった。

「あら？何これ？」

大きな力で砕かれたような鉄製のパイプがあった。

「ゆうべ見たのはこれじゃない？誰かが打ち上げ花火で遊んでたのよ」と母親。

それを見て妹は安心したらしい。

後日、オレリーが学校に持ってきたその鉄パイプを二人で眺めてみた。何に使うものなのか見当もつかない。庭の真ん中にあったというが、ＵＦＯを見た日の晩、オレリーの家の庭にはそんなものはなかった。何かの機械の部品のようにも見えた。でも、どう見ても人家の庭に落ちているような代物ではない。翌朝戻る両親の気をそらすために彼らが置いていったのだろうか？それともただの偶然だろうか。

ともかく、妹はそれから二度とＵＦＯの話はしなかったという。

この話には後日談がある。

このＵＦＯ事件の３日後のことだ。

オレリーが隣家のポーランド人に借りていた大鍋を返しにいくと、その奥さんがＵＦＯを見たあの夜のことについて話しはじめた。

「３日前、あれを見たでしょう？」

「何のことですか？」

「見たはずよ。あなたの家の真上にいたんだもの。飛行機のように空を飛んでいて、燃えているみたいに赤く光ってたわ」

「何の話ですか？」

「私はあの夜、部屋の中が真っ赤になって目が覚めたの。外を見ると、あなたとお友達が開いた窓の前に立ってて、その屋根のすぐ上に飛行機みたいなものがいたのよ。最初は小さなオレンジ色の光だったのが、だんだん赤く大きくなった。あれは何だったのかしらね？」

「花火じゃなかったんですか？」

「違うわ。飛行機かなにかが燃えているようにしか見えなかった。火のように真っ赤に輝いて、ずっとあなたの家の上に浮かんでいたのよ。見たでしょう？」

「赤い光は見たけど、屋根の上だったから見えなかったんです」

「そう？ そのあと最後に小さなオレンジ色の光の玉になって、ディジョンのほうへ飛び去ったのよ。ものすごいスピードでね」

「そうですか」

「不思議でしょう？ 新聞で調べたけど、飛行機が燃えたなんてニュース、どこにも出てなかったわ」

お隣さんに挨拶をして、オレリーは家に戻った。

燃えている飛行機。どう考えても普通の飛行物体ではない。超常現象を体験すると、人はそれまで見聞きした常識の範囲内で似たような物事に当てはめようとする。でも途中から、常識では解釈不能のことが起こっていると認めざるを得なくなる。そういったことは、この先も数え切れないほどあった。

「0：44」。0時44分を示すこの数字は、それからしょっちゅう目にするようになった。夜中に〝訪れ〟を感じて起こされると、ビデオデッキがよくこの時刻を表示していた。

この頃、ＵＦＯや気配の訪れといった一連の現象を母に話したことがある。母は「何かのカルト?」と言い、UFOや宇宙人のことはピンと来ないようだった。ところが話していくうちに、母は夏になるとたびたび夜空に飛来するUFOを目撃していたことがわかった。母にとって夜空を飛ぶその光は、しばし目を楽しませてくれる美しいナイトショーだったのだ。「あれはもしかしてUFOだったのかしら」と母は驚いていた。ということは、彼らは頻繁に僕たち家族の近くにやって来ていたのか。

深まりゆく気配

〝訪れ〟のパターンはさらに変化していく。

寝る前や、気配が現れているあいだ、ときどき手やふくらはぎの筋肉が動くようになった。僕の意志ではない。筋肉が勝手に動くのだ。寝ているときに誰かに足首をつかまれたこともあった。びっくりして跳ね起きた。だんだん気配が僕に接触を試みはじめたようだった。

まず、違和感が起こる。自分の意志に関係なく勝手に手足が動くのは、見ていて気持ちのいいものではない。見えない手に足首をつかまれるなんて、スピリチュアルな体験とは思えない。ただの悪ふざけじゃないか。かりにそれが目に見えない世界の存在を証明するためであれば一度で十分だ。「もうわかったよ！」と気配に向かって叫んだこともある。

触感を試される体験は2～3ヵ月ほど続いた。

ある日、部屋で日記をつけていると、誰かが僕の右肩に手を置いた。振り返ると誰もいない。気のせいだと思おうとしたが、2秒とたたないうちにまた同じことが起こった。もはや気のせいだと思いこむ勇気も失せて僕は部屋を飛び出した。宇宙人だか霊だか知らないが、もうたくさんだ。勘弁してくれ。

UFOを目撃したときから始まった目に見えない関係は、毎晩のように彼らに観察される関係でもあった。それは外から観察されるだけでなく、心の中身、感情や気持ちまで洗いざらい観察されてしまうことだ。最初はプライバシーを侵害されたくないと怒りをおぼえた。

でも、やがて時がたつにつれ、自分は一人ではないという慰めも感じるようになっていった。彼らの気配に慣れたというより、気配とともに生きていることが楽しくなりはじめ、彼らの意識と融合しているような感覚が出てきたのだ。自分一人の「個人の意識」で生きるのではなく、彼らの意識と融合した「集合意識」となり、その集合意識でこの人生を歩んでいる……とでもいうような、なんとも不思議な感覚。それはいつしか安心感となり、癒しともなっていった。

ブルゴーニュの村は季節ごとに葡萄畑が色を変え、自然のリズムで日々が流れていく。数日過ごすには美しく静かな村でも、高校生の僕にはいかんせん退屈すぎた。そんな刺激の少ない田舎暮らしの僕の前にＵＦＯと宇宙人が現れ、うんざりするほど退屈な毎日に、強烈なインパクトを与えてくれたのだ。それは強い恐怖をもたらす一方で、彼らが存在していると思っただけで癒される自分もいた。僕の人生は目の前に流れる退屈な日々だけではないと実感することができた。そしてこの現象が続くにつれて、僕は刺激的なＵＦＯや宇宙人のほうに心も時間もすっかり奪われるようになり、高校の勉強や友達や日常生活に興味をなくしていった。

いつしか昼より夜の時間を待ち望むようになり、朝、目が覚めたら「早く家に帰って宇宙人に会いたい」と思う、そんな毎日になっていた。昼間の高校生としての生活より、夜間の宇宙人現象のほうがはるかに僕にとってはリアルで、生きる充実感が得られた。

そんなある日、目が覚めたときに彼らからの質問がはっきりと頭に響いた。

〈もし私たちが来なくなったら、どうするの？〉

心の中に聞こえた自分の答えはこうだった。

「この人生に興味ないから、たぶん自殺すると思う」

自殺という言葉に僕は衝撃を受けた。自分が危ういところにいることに、ようやく気づいた。するとその日、彼らとの「集合意識」がとつぜん消えた。まるで電気が切れたみたいに彼らの気配がぷっつり途絶えてしまった。彼らの不在で、僕は自分の土台を失ったように感じた。でもそれは僕が自分の人生を取り戻すために必要な「不在」だったのだ。

彼らの不在はしばらく続いた。しかし何週間かして急に気配が戻ってきて、またもとの集合意識とつながった。このような現象は幾度となく、そしていつも唐突に起こった。

彼らとの「集合意識」現象は2年ほど続いた。この意識の融合は、のちにワンネスで体験する「自己の消滅」への一歩だったのだろう。

いずれにしても、もう二度と精神的なバランスを崩すことのないよう、自分の状態にできるだけ注意を払うようになった。

けれどもその後、僕はもう一度、現実へのグラウンディングを失ってバランスを崩しかけたことがある。

ソフィーとのチャネリング体験

その頃、高校で仲良くなったソフィーがスピリチュアルな現象に興味を持っていることがわかった。オレリーは具体的な考え方を好み、ひたすら前に進む性格で専門は経済学だったが、ソフィーはまた別の個性の持ち主だった。議論好きで、自分の常識はまず疑ってみるのが当たり前というタイプ。直感的で芸術的感性に秀でていたが、意外にも専攻は数学だった。彼女とは最初から話が合った。ソフィーはさまざまなことに経験にもとづく確固とした意見を持ち、それを簡潔に述べるのがうまかった。彼女と仲良くなってしばらくすると、これまでにない現象が起こった。

僕はUFOのことや例の気配について、他人に話すのはあまり好きではなかった。そういう話をすると不快な思いをすることも多かったからだ。もちろん相手がその手の話題にオープンな人ならいいが、話してみるまでそれはわからない。だから、こういう話はできるだけ人にはしないでおこうと決めていた。ところがソフィーと会って話していると、UFOの話をしろというプレッシャーを感じるのだ。〈彼女に話して……!〉と。声というより印象で、しかも自分の気持ちではなく向こうの思いだ。最初は無視した。すると何度もその印象が戻ってきて、頭が混乱するぐらい〈ソフィーに私たちのことを話しなさい！〉と強くプレッシャーをかけてくる。朝起きると〈今日こそ忘れないで話して〉、ソフィーに会っていると〈今だ！〉〈早くあの話を！〉などと聞こえるのだ。

ある夜、また〝訪れ〟があり、執拗に同じメッセージを伝えてくるので僕はこう言った。「そんなことに興味がない人だっている。興味ない人に話すのなんて絶対いやだ。話しても大丈夫だと確約してくれるなら僕は話す。でも確約があって話してみた結果、もし不快な思いをしたらもう二度とあなたたちの言うことは聞かない。ソフィーに話しても本当に大丈夫なら、明日の朝、教えて」と。

つまり、話すかどうかは彼らの確認を待ってからにする。その確約がほしいと頼んだのだった。僕はこの後もずっとそういう形をとるようになり、それが長く僕と宇宙人との基本ルールになった。宇宙人やUFOという話はすべての人に受け入れられるものではなく、誰にでも話せるわけではない。批判や差別をされる可能性もある。だから自分からは話さない。でも、彼らが大丈夫だと確約した人には話すことにしたのだ。この数年後、たまたま親しくなった学生に宇宙人の話をしたくなり、夜寝る前に「明日、目覚めたときに彼に話しても大丈夫かどうか教えて」と頼んだら、朝起きたときに〈話さないほうがいい〉と聞こえたので、その通りにした。しばらくしてその学生は精神的に不安定だということがわかり、話さないでよかったと安堵したことがある。

ソフィーのときは、目が覚めた瞬間、言葉で聞こえてきた。〈話して大丈夫〉と。

オーケーが出たのでソフィーに話すことにした。

まずはUFO観測のことから始め、〝訪れ〟について話した。〝訪れ〟の現象は彼女には想像もつかないらしく、どう答えればいいか戸惑っているようだった。「今日はその話はここまでにして。ちょっと考えてからまた質問させて」と彼女は言った。しばらくはこの話題に触れないことにしようと僕は思った。

が、次の日、学校で彼女が「ちょっと話がある……」とささやく。

「どうしたの？」

「昨日、あれについて話したせいか、ゆうべ眠れなかったのよ。なんとなく誰かが私を見ているような気がして。それがすごく嫌だったから電気をつけっぱなしで寝たの」

「そう……」

「同じ気配を私も感じたと思う」

ソフィーの場合はそういうふうに始まった。

僕、オレリー、そしてソフィーは昼間は普通の高校生として授業を受けながら、夜は宇宙人という超常現象に関わるようになった。以前、UFOの写真を見せてくれたクロードとは少し距離を置きはじめていた。UFOに対する物質的な見方が退屈に感じられたからだ。〝訪れ〟を体験した僕たち三人は、自分の経験や考えについて話し合った。仲間ができたのは嬉しかった。一人より二人、二人より三人のほうが面白くなる。疑問への答えは出なかったが、体験を分かち合えるだけで十分だった。それぞれに違う個性を持つ僕らは、現象への対し方も違っていたが、少なくともお互いの助けになった。ソフィーは僕とちがって、常識よりも自分の感覚を信用していた。

彼女の家は山の村にあり、ときどき自転車で山を降りてきて、うちでお茶をすることがあった。ある日、ソフィーと話していると彼女が目を閉じて、とつぜん違う声で僕の問いに答えはじめた。「今のは何？」と彼女に聞くと、彼らの印象で答えただけだと言う。

「もう一度やってみようか？」とソフィーが言い、それがチャネリングの始まりとなった。

チャネリングというのは、質問者と、目には見えない話し手と、その話を言葉にして通訳する人（これがチャネラー）の三者で成り立つ。僕が質問して、気配が何か言うとソフィーが通訳して僕に伝える。そんなふうにしばらくチャネリングを試しているうち、僕たちはすっかりはまり込み、宿題なんか放り出してチャネリング三昧《ざんまい》になった。

それまで気配からやってきた情報は、言葉を介するのではなく、心から心へダイレクトに流れ込んでくる感じだった。心に耳を澄ませてその情報を印象で感じると言えばいいだろうか。だから「彼らが何を言ったか」ではなく「感じたのは何か」だった。でも、ソフィーは気配を感じるセンサーが鋭敏で、しかも感じたことをすぐに言葉に変換できたので、気配との会話が成立したのだ。

とはいえ、会話の内容は高校生が想像できる範囲に限られ、「火星には宇宙人がいる？」「どの惑星から来たの？」「どうして姿を現さないの？」といった単純なものが多かった。

いま憶えているのはこんな会話だ。

「僕たちに何の用なの？」

「あなたたちはグループのひとつ。いま数個のグループを整えている途中」

「何のためにグループを作っているの？」

「変化を起こすため」

「では他のグループの人たちと会える？」

「時が来たら会えるよ」

「どの惑星から来たの？」という質問には、「惑星のアイデンティティから解放され、いろんな方面から来ている個性豊かな存在が集まったグループ」みたいな返事だった。僕はなんとなくこの回答に納得して安心したのを憶えている。

気配からのスピリチュアルな考え方やアドバイスを聞いて、最初は単純に嬉しかった。しかし会話の内容が日常を離れ、スピリチュアルな世界に踏む込めば踏み込むほど、地に足をつけて現実生活をしっかり生きる必要がある。そのことにあとから気がついたのだが、このときは夢中になりすぎてわからなかった。オレリーは家族の都合でしばらく遠くに行っていたこともあり、このチャネリングには一度も参加しなかった。戻ってきたときに、「チャネリングごっこ」で盛り上がっている僕らを見て、いい加減にしなさいと注意してきた。それがなかったら、さらに深みにはまっていたかもしれない。

実際、いつのまにか僕らは現実から離れていた。チャネリングによってその手の情報を詳細に素早く得られると信じていた僕たちは、結局幼稚だった。その後、チャネリングはいったんやめた。しばらくＵＦＯや宇宙人の話もしないでおこうと決めた。ソフィーも僕も、グラウンディングが必要だった。そろそろ高校卒業の時期が近づき、生徒たちはみんな試験モードに入っていた。

一歩一歩、目の前の現実を、自分が向かいたい人生の方向へ責任を持って進む。いま体験している人生に意識を注いでいく。この時期の僕にはそれが求められていた。幸運なことに、大学進学に向けての試験勉強と、それにつづく大学生活は日々集中すべきことが山ほどあり、自分を取り戻すよい時期となった。

グラウンディング

フランスの教育制度では、高校の卒業試験バカロレアは大学の入学資格ともなる。高校は経済社会系、人文系、科学系の三つの専門系いずれかを通じて卒業しなければならない。全員、できるだけ良い成績をとれるようベストを尽くす。試験はまず哲学から始まる。哲学の試験問題は特に国民の関心が高く、新聞やテレビでも必ず取り上げられる。その年の哲学の問題は「美とは？」だった。解答時間は2時間。4ページぐらい書く。与えられたテーマをできるだけ自分のものにし、他者に自分の考えを伝えるべく、形の整った論文にしようと僕も奮闘した。

そうして僕らは高校を卒業した。僕とオレリーは経済社会系で卒業し、オレリーは会計専門学校から会計士になった。ソフィーは科学系の卒業試験に二度挑戦したがパスせず、結局、高校を卒業しないままスイス国境に近い町へ引っ越していった。

みなそれぞれの道を歩みはじめた。


大学に入ってから現実的な視点で自分の過去を振り返ってみると、現実感がなく漠然としていて、あれはただの夢だったのではないかとも思えた。想像がふくらみすぎてチャネリングにまで行き着いたのだと、自分のＵＦＯ体験を論理のハサミで小片に切り分けはじめた。

しかしいくら脳で分析し、論理的な説明を試み、常識的な体験におさめようとしても、相変わらず〝訪れ〟はやってきた。それは執拗に僕の関心を引こうと試みているかのようだった。

いつになく強烈な波動をまき散らしながら部屋を歩かれたり、玄関から強い波動とともに部屋に入ってこられたこともある。そんな目に見えない気配は毎晩のように僕の生活空間に入り込み、その恐怖感は妄想のせいだと何度自分に言い聞かせても消えなかった。

でも、僕は大学2年までは現実を生きるために気配を無視することにした。何があっても無視し、存在しないように扱おうと堅く心に決めていた。フランスの大学は、入るのは簡単だが卒業するのは難しい。1学年と2学年の進級試験は狭き門で、専門を問わず2学年に進級できるのは全体の40パーセント、3学年に上がれるのは60パーセントだ。ようやく3学年になると、ちょっとひと息つける。それまでは猛勉強しないとついていけない。

1学年と2学年のあいだ、僕は週末も外出せず毎日勉強に励んだ。読むべき本をすべて読み、ノートを暗記し、ひたすら勉強に集中する日々を送った。在学していたブルゴーニュ大学から、パリ第5大学（ソルボンヌ大学のひとつ）に転学することが目標だったからだ。

その間にも〝訪れ〟は続いていた。当時、日本の早稲田大学からフランス文学を学びに来ていた日本人の学生とアパートをシェアしていたが、彼にもそんな話は一切しなかった。

ある昼下がり、キッチンから自分の部屋に戻ろうとしたとき、とつぜん僕の後ろに気配がした。同時にメッセージも来た。〈どこまで無視するつもり？〉――もちろん見渡しても誰もいない。だが確かに近くにいるのがわかる。ずっと無視しつづけていたのに、はっきりとメッセージを送ってきた。このとき、僕は彼らの気持ちをそのまま受け取った。そして気配にこう伝えた。「今は大学の勉強に集中したい。良い成績をとってソルボンヌに転学したいんだ。だからもうしばらく待っていて」と。これが彼らと心を通わせた最初の交流だったかもしれない。このときには、彼らが来てくれたこと、辛抱強く僕と意思疎通をはかろうと努めてくれていることに嬉しささえ感じていた。

　これが通じたのかどうか、気配は少し遠のき、それまでより間遠になったような気がした。とはいえ、〝訪れ〟がなくなったわけではない。大学での勉強が佳境に入っていたこの時期、また別の形の〝訪れ〟もあった。

　ある夜、奇妙な感覚がして目が覚めた。僕が自分の身体の中に入り込み、体内の器官や血管などを、まるで手袋に手を差し入れるかのように触っている感覚。体内を感じたのは初めてで気色の悪い体験だった。生々しく嫌な感じだ。ベッドの足もとには気配が立っていた。

　この体験は何を意味するのか？　以前、〝訪れ〟の最中に自分で自分の顔を眺めていたことがあった。気配が来ているとき、僕の魂は身体の外に出ているのか、あるいはただの夢だったのか、考えてもよくわからなかった。でもこのときの体験はそれよりもさらにリアルで、身体に感触が残っていた。彼らのアプローチが次の段階に移ったのだろうか。僕は混乱するばかりだった。

それでもなんとか受験に備えることは忘れなかった。

学期が終わり、念願叶ってソルボンヌ大学に転学できることになった。ディジョンでの努力がついに実を結び、ようやく大きなプレッシャーから解放される。心が躍った。

僕はディジョンのアパートを引き払い、パリ郊外に住む兄の家にしばらく一緒に住まわせてもらうことにした。兄はパリからほど近い、ランドスケープ（公園や公共緑地などの整備）の会社で働いていたので、そこで2ヵ月間バイトをさせてもらい、8月の終わりにはパリ市内にアパートを借りてソルボンヌに入学するという計画だ。

兄の家で暮らすあいだに、〝訪れ〟は〝訪れ〟を超える現象に変化していく。その現象が何だったのかを消化するのに何年もかかった。それほど長い時間を要したのは、体験したこと、起こった現象を咀嚼し、理解して言葉にするというプロセスが必要だったからだ。

この夏は、まさにちょうどいいタイミングだった。ディジョンで勉強に集中した時期が終わり、次の人生がまだ始まらない、中途半端な空白の期間。心にゆとりもあった。僕の魂が宇宙にむけて「今ならオッケー！」と叫んだのかもしれない。

3章　2004年夏、パリ

シナジー

2004年6月、パリで兄との共同生活が始まった。

それをきっかけに、宇宙人との関係も新しい章に入っていく。それには兄の存在が大きく関わっていた。この夏、宇宙人と兄と僕のあいだで会話が始まる。言葉を使うときもあれば、言葉なしで伝えてきた情報もたくさんあった。そしてもう一人の「僕」が誕生する。

兄はおおらかで性格もポジティブだった。彼の本棚にはフランス哲学から聖書、インドのヴェーダ哲学までバラエティ豊かな本が並び、スピリチュアルなことにも関心が高かった。

どんなことも偏見を交えずオープンに聞いてくれたので、兄には安心して何でも話すことができた。だからＵＦＯを見た体験や〝訪れ〟についても数年前から打ち明けていた。「たまに宇宙人が家にやって来る。そうすると家の中に気配がして、暗いところが怖くなるんだ」と話したときも、兄はいっさい否定的なコメントをしなかった。

　でも僕が居候するようになって、彼もまた同じ体験をするようになる。

　兄と暮らし始めると〝訪れ〟が頻繁になった。スピリチュアルなテーマについてオープンに話すようになったことが〝訪れ〟の回数を増やしたのだろう。

　それだけではない。ここ何年かしばらく遠ざかっていた気配と「集合意識」の現象が、最初にＵＦＯを見た頃と同じ強烈さで戻ってきたのだ。しかも今度は兄と二人で「集合意識」を体験することでシナジー効果が起こり、現象はさらに深く発展した。

　〝訪れ〟は毎晩のように起こった。家の波動が上がり、家に入ったとたん肌で感じるほど、その波動は強くなった。そして、毎日同じパターンが繰り返された。夕方気配が訪れ、夜、身体を離れた僕はどこかへ飛び、朝起きると断片的な記憶が残る。兄と話し合って、彼が憶えている部分と僕の記憶の断片をパズルのようにつなぎ合わせた。二人の記憶をたどっていくことで、どちらもスピリチュアルな学びを少しずつ重ねていることがわかった。

螺旋をのぼるように僕たちの学びと波動が絡まりあい、徐々に波動に対する感受性は高まっていった。気配の波動がはっきり感じられたのはもちろん、職場で一緒に働く同僚のエネルギーまで見えるようになった。エネルギーから読み取れる情報は多岐にわたり、その人の精神状態、健康状態、さらに心に浮かぶ事柄まで見えてくる。お互いの距離が1メートル半以内に近づくとエネルギーが干渉しあうので、人によっては近寄りたくないとか心地よいと感じることもあった。

兄と過ごしたその夏の体験は僕をずいぶん成長させてくれた。波動への感受性が高まると、食べ物が発する波動も見えたり感じたりするようになった。

当時の僕はベジタリアンで肉をいっさい食べなかった。魚や牛乳も避けていた。なぜかというと、14歳のときに畜産動物の扱い方をテレビで観て以来、それに反発し、肉食のボイコットを始めたからだ。そのうちスピリチュアルな理由も重なり、以来ずっとベジタリアンだった。19歳の一時期、肉を食べてみたが、やはり食べないほうが自分に合うと感じてまたベジタリアンに戻った。

兄の家では、仕事から帰って夕食を準備するのはほとんど僕の役目だった。毎晩、野菜料理だけの食卓だったが、兄は肉は外で食べるから別にかまわないと言い、気にするそぶりもなかった。

〝訪れ〟の回数が増えるにつれて波動は高まり、食べ物が発する波動も見えるようになった。「見える」といっても肉眼で直接見るのではなくて、肌で陽光を感じるように見えるのだ。気配が見えるのと同じような感覚だ。新鮮な野菜や果物は明るく、肉は重く暗かった。人は、野菜と果物から新鮮で明るい波動を吸収しているように見えた。兄は肉に対する食欲を少しずつ失っていき、昼食も可能なかぎりベジタリアン食を選ぶようになった。

あの感覚は今でもみずみずしく蘇る。波動が上がると、身体で感じるものも変わるのだ。そのうち新鮮な野菜と果物を口にすると、以前には感じられなかった充足感が身体中にあふれるようになった。ただの充足感じゃない。オルガズムに近いものだった。調理法や材料は以前と同じなのに、なぜだろうと不思議に思ったが、食べ物の味ではなく波動を味わっているのだと気がついた。兄も同様で、今までにない充足感を体験しているようだった。

その頃から、夕食に新鮮な野菜と果物が欠かせなくなった。野菜も果物もすべて生のままサラダで食べるようにした。兄は肉を食べると身体が重く感じられるようになり、家に充満している高い波動と合わなくなっていった。つまり、身体がその高い波動に合ってくると肉を受けつけなくなり、最終的にはいっさい動物性のものを口にしなくなったのだ。

こういった体験がどこまで展開するのか見当もつかなかったが、自分たちを観察者の立場に置いて、ただひたすら体験そのものを味わい、それを満喫するようにした。肉を食べるとどうなるか、食べないとどうなるか、波動と身体の反応を学ぶ貴重な体験だった。

波動は、自動的にその場の波動に同調しようとする。このことは、特に宇宙人とのコミュニケーションにおいて重要なファクターとなった。

波動のトレーニング

兄と一緒に住んでいるあいだ、家の波動が毎日上がるのを感じた。その現象は最初の一週目から始まった。そして波動が上がるにつれて、気配の思いや言いたいことが聞こえてくるようになった。「聞こえる」といっても物理的な音で聞こえるのではなく、波動に乗って情報が心まで届くのだ。これはチャネリングの第一歩ではないかと思った。

ある波動の高い夜、兄の問いに対する向こうの答えがはじめて聞こえた。気配が近づいてきて、僕を介して兄の質問に答えたのだ。それは情報を含んだエネルギーとして入ってきて頭の中で考えや言葉に変換された感じだった。そんな体験は初めてだった。その考えを包むエネルギーごと身体全体で感じていた。

感覚として面白かったのは、自分の内面が一時的に他者の内面と結合したように感じたことだ。内部の空間がいきなり広がったようで、とてもわくわくした。単に答えが聞こえたというのでなく、一瞬、誰かの心と完全に一つになった感覚で、そんなことは想像したこともなかったし、起こるとも思っていなかった。

すでに話した通り、ＵＦＯを見た直後から僕は波動という現象を体験するようになり、波動で彼らの存在がわかるようになった。彼らが波動を自在に調整することに気づきはじめた頃、こいつ、僕をもてあそんでいるのかと思うことが何度もあった。でも次第に、彼らは僕に何かを教えようとしているのではないかと考えるようになった。なぜなら、「波動」が変わると、それに応じて「情報」の量と質も変化することに気づいたからだ。波動が上がると物質的な次元を超えた情報に容易にアクセスできるようになり、波動がもとに戻ると、情報への扉が閉じた。

高まった波動から届く情報は、３Ｄ画像の大容量データがそのままダイレクトにドンとハートに入る感じだった。圧倒的な情報量で、それを脳で解釈してノートに書き記すのに膨大な時間がかかった。論理的に分析できるようなものではなく、ただひたすら届いた立体画像を平面に書き起こしていくという作業だった。

波動が同調すると、宇宙人の気配がはっきりし、彼らが見ているもの、考えていること、聞こえているものに僕も同期していく。最初はとても恐ろしかった。他人が自分の頭に入り込んだように感じられたからだ。まるで人と自分の境目がなくなってしまったようだった。17歳か18歳の僕には強烈な違和感があった。振り返ってみると、あの頃の僕は「自分とは何か?」「いったい自分とは誰なのか?」という模索の時期を過ごしていた。自己が確立する前の段階で、「自分とは誰か」というアイデンティティがまだ漠然としていて不安定だった。

その時期に宇宙人が僕に頻繁に関わってきたことには理由があったのだ。自己の価値観が固まって大人になってしまう前に、目では見えない世界を体験したほうがいい、さもないと波動を感じることがだんだん難しくなる、と彼らにはわかっていたのだろう。今のうちに感覚を開いて、世界も自分もこんなにも豊饒で美しいのだということを身体を通して知っておきなさい、そうすれば地球で生きる意味や経験の幅が格段に広がる……そんなことを教えてくれていたのかもしれない。

「波動」に気づくと、やがて波動とともに人や場所の情報が流れ込んでくるようになった。人の情報はおもに魂に関するもの、場所の情報は過去の出来事の名残りだった。たとえば、夫婦がリビングで喧嘩をしたとする。部屋には喧嘩の波動が残り、翌日二人がリビングに人ると、その波動の影響を受けてまた喧嘩を始めるかもしれない。実際、僕は友人の家を訪ねたとき、部屋に残る喧嘩の波動を感じて緊張したことがあった。逆になごやかなエネルギーが残っている場所に入ると、その影響でこちらの心も癒される。これらは波動の持つ、もっとも重要な作用だ。

波動は周囲と調和しようとする。人はおのずと、まわりの空間やそばにいる人と同じ波長で響こうとする。だから気配が訪れて空間の波動が上がると、そこにいる自分の波動も必然的に高まることになる。波動は身体で感じるものだ。脳や頭ではなく、身体全部で感じる。目を閉じても、無視しようと試みても、身体そのもので感じてしまう。波動を感じるこの力は、1997年以降の彼らのトレーニングによるものだった。

もちろん、当初はそれらを否定していた。妄想ではないか、頭が疲れているのではないかと。この現象に対して僕の論理的な思考は猛反発して受け入れることを拒んだ。しかしどれだけ反発しても、次から次へと波動で情報が押し寄せてきて、その情報量に根負けした。あまりの多さに抵抗をやめたのだ。どうせ判断できないのだ。ならば、ただひたすら受け取ってやれと覚悟を決めた。

「波動」を見つめ、感じることで情報はどんどん流入してきた。その情報源は、宇宙人、死者の霊、スピリットガイド、自分の魂、あるいは宇宙そのものからやって来ることもあった。スピリットガイドからのメッセージはどちらかというと論理的で言葉に変換しやすかったが、宇宙そのものから届く情報を書きとめるのには時間がかかった。また、これはなかなか説明しづらいことだが、宇宙人から届く情報は味が違った。口に感じる味がほかと違うのだ。それに彼らからの情報は、その量の多さのわりに、地球での日常生活に役立つようなものはあまりなかった。

宇宙人とのコミュニケーション

この夏は、宇宙人とのコミュニケーションも急に活発になった。それはチャネリングというより、もっとデリケートな形のコミュニケーションとして僕と兄の日常生活の隙間に入り込んできた。彼らといつも一緒にいるというか、つねに一つの意識でつながっているような「集合意識」の感覚が何年ぶりかでよみがえり、しかも兄とのシナジーによってそれはいっそう深い体験になった。この当時は漠然としてよくわからなかったが、彼らは意識についてはるかに高度な知識を持っていて、彼らと僕たちの意識のあいだに波動の絆を築いたようだった。

睡眠中や朝起きた瞬間や、人と話しているときなど、生活のあらゆる瞬間に断片的にしのび込み、心の中で会話している。疑問に思っていたことの答えが急にやってきたり、内省しているとフィードバックが返ってきたりする。宇宙人は一人だけではなく、二、三人のメンバーがいて、時に応じて入れ替わった。

昼も夜もほとんど毎日24時間、ずっとつかず離れず彼らと一緒にいるような状態だったから、その影響は深く及んだ。自分の人生を誰かと一緒に歩んでいるような感覚だった。その「誰か」は自分よりはるかに広い観点を持っているという安心感があった。

会話のテーマは、時間、食べ物、自然、植物、信仰、波動、感覚……と多岐にわたった。

簡単にいうと、まず彼らが大きなテーマについて話しはじめる。僕たちはそれについて考え、質問する。すると彼らは言葉でなく、波動で体験させることで質問に答える。

昼間のコミュニケーションでは、意識の観点を取り替えられることもあった。つまり、今までこうだと考えていた「現実」が急に別の方向から見える。一時的なマインドセットの入れ替えと言ってもいいだろう。その目的は、観点を大きく広げ、宇宙の観点に近づけること。よく体験したのは地球の観点から見た現実だ。人間の立場ではなく、地球から見た観点へのシフト。たとえば目の前にそびえ立つ巨大なビルが、観点のシフトで違う景色に一変する。宇宙の働きと明らかに調和しない不自然な建造物の存在を、母なる地球があふれるほどの愛で許してくれているのが見える。それは生気のない、虚栄心の象徴にしか見えなかった。観点のシフトをほんの一瞬体験するだけで膨大な学びがあった。

夜になると、彼らはこれまでと同じように〝訪れ〟の形でやってきて、より強く存在を感じさせた。夢の中に入り込んでくることもあれば、夢と同時に会話が進行していることもあった。つまり夢を見ながら、その背後で彼らと夢に関係ない話をしているのだ。これを最初に体験したときから、脳と魂を区別したほうがいいと思いはじめた。彼らとのコミュニケーションは、身体の脳を通さず、もっと深い魂のレベルでじかに行われているようだった。

どんなテーマであれ、彼らは波動を通して感覚を深めるよう促した。なぜなら脳で現実を完璧に扱えることよりも、感覚を通して現実の豊かさを深く味わえることのほうが、はるかに大切だというのだ。

人生が終われば、身体を出ていくときに、脳に詰め込んだ知識や知恵は細胞とともに失われてしまう。だから、身体の制限を超えた「魂」という媒体で人生を充実して生きるほうがずっと理にかなっている。

彼らのアプローチは「魂の成長」にフォーカスしていることが明らかだった。

そしてこの時期の経験は、その先に進むための準備でもあったのだ。


彼らのコミュニケーションは言葉を使わず、波動、イメージ、感覚、意味で情報を体験させるという形で行われた。たとえば食べ物の波動がテーマの場合、イメージとともに波動が伝えられる。地球の自然環境のリズムに合っている食べ物の波動は生き生きとして、身体にたっぷりの栄養とポジティブな影響を与えてくれる。逆に地球の自然に反するリズムで栽培されたり飼育された野菜や動物の肉は波動が暗く、身体と精神に病気をもたらす。よい波動の食べ物と、よくない波動の食べ物を、自分で感じ取れるように体験させてくれるのが彼らの伝え方だった。

よくない波動をもつ肉は、その動物がどんなひどい扱い方をされたかも波動を通して体験させられた。彼らは何も言わず、ただそれを体験させる。「じゃあ、肉は食べないほうがいいというのが正解だね？」と僕が聞くと、「いま体験した波動の観点から食べ物の現実を考え、そのうえで自分が何を食べたいかを自分の責任で選ぶことが正解だ」という答えだった。

コミュニケーションのなかで、彼らは一貫して「主体性」と「責任」を強調した。

人生では自分が責任を持って選んだことが正解だ。

誰かの答えを待つより、自分で答えを掘り出すこと。

人に道を決められるのではなく、自分で道を選び、進むこと。

もう一つ、宇宙人とのコミュニケーションの例をあげよう。

彼らはなぜか植物に対して深い尊敬をいだいている。それを何度も見せられた。

僕はこのときアルバイトで雑草刈りやランドスケープデザインの仕事をしていた。要するに、それは植物を人間のニーズに合うように整える作業だった。

植物は、人間が出現するよりずっと昔から地球上で生きている。植物のさらに前には海藻がいた。植物と海藻が何億年という時間をかけて地球環境を少しずつ変容させてきたことを、人間はいとも簡単に忘れてしまう。

僕らが毎秒呼吸している酸素は、植物がつくり出すサイエンスのひとつだ。口にする食べ物もすべて元をたどれば植物に由来する。足の下のこの土でさえ、枯れた植物を微生物とミミズが食べて分解した積み重ねだ。

もし新しい地球を創ろうとしたら、植物の種を植えるだろう。

あえて言えば、植物というのは地球環境再生の最先端システムだと考えてもいい。

波動に敏感になると、植物から発される生き生きした新鮮な波動にとても癒される。宇宙人に近づくと、おのずと植物に近づいていくことになった。

あるとき、地球の上空からどこかの森を見せられたことがある。隣に二人の存在がいた。見下ろすと森の上を小さな飛行機が飛んでいて、何かをばら撒きはじめた。すぐに化学物質だとわかった。二人の存在が「植物の立場になってよく観察してごらん」と僕にささやき、次の瞬間、僕は植物の視点になっていた。ばら撒かれていたのは除草剤だった。植物になった僕が体験したのは、ひどい痛みだった。僕は化学物質を散布した人間に対して激しい怒りをおぼえたが、そばにいた存在は「怒りは不要。ひたすら観察し、この体験から学びなさい」と言った。

除草剤を撒かれた植物がどんな苦しみを味わっているか、そして僕たち人間が自然環境に対してどれほどひどい仕打ちをしているか、身をもって学んだ体験だった。相手の痛みを感じると、それをもたらす行動をとる前に考えるようになる。

これが彼らのコミュニケーション法だった。テーマごとに波動を体験することで、世界への見方が変わる。そのたびに意識が少しずつ広がっていく。

考えてみると、ある社会に変化を起こすにはよい方法かもしれない。

光も物質も意識も、宇宙のあらゆるものが波動なのだから。

記憶の殻

毎日〝訪れ〟があり、毎晩「波動」が上がって宇宙人が現れる。家全体が高い波動に満ちた。翌朝になると、夜中にさまざまな体験をさせられた疲れでぐったりし、起きるのがつらかった。

最初は僕も兄も、真夜中に何があったかの記憶は目が覚めると消えていた。睡眠中の夢が目覚めたときにはすっかり消えているように、何かを体験したはずなのに、それが何だったのか思い出すことができない。

夜中に宇宙人が現れたあと、いったい僕はどうなっているんだろう？　そう考えたときに想像したのは幽体離脱だった。高校時代、自分が夜中に幽体離脱をしていたかどうかはよくわからない。母はたびたび僕が夜中に誰かと部屋から出ていく気配を感じていた。僕の身体はベッドにいたわけだから、母が感じたのは僕の魂だったと思う。

身体はその場に残り、魂だけが宇宙人についていく。夜、寝ている自分の顔を見た記憶、身体に自分が戻って入りこむ感覚、目をつむっているのに見えた景色や出来事など、断片的に残った記憶をつなぎ合わせてみると、それが一番妥当な推察に思えた。アメリカでよくある宇宙人の誘拐とは違って、魂だけがどこかへ行っているのだろう。身体ごと誘拐されるより、そのほうがいい。たぶん宇宙人が訪れてくる目的が違うのだ。精神に変化を起こしたいか、人間の身体情報を研究したいかではアプローチもずいぶん異なるはずだ。

それにしても記憶が残らないのには困った。かすかに残る断片をつなぎ合わせても意味がわからない。全体像がつかめないのだ。眠っているあいだに何が起こり、何を体験しているのか、皆目見当がつかなかった。

１９９７年から２００４年にかけて体験したこと、心に浮かび上がってきた記憶のほぼすべては日記に書きとめた。それらも〝訪れ〟の翌朝起きたときに記憶が残っていたわけではなく、日中その映像がランダムに出てくるのだ。シャワーの最中やバスに乗っているとき、ふと心に浮かぶ。最初、記憶に残らないのは彼らのせいだと思いこんでいた。何かを体験しても、それを憶えていないなら何の意味があるのだと何度も反発した。

あるとき〝訪れ〟があった翌朝、目が覚めて何の記憶もないのに彼らが近くにいることがわかった。「記憶が残らないのに、いったい何の意味があるんだ」と、直接不満をぶちまけた。数分待ってもまったく返答はない。無性に腹がたって彼らのやり方に強い違和感をおぼえ、怒りを込めてメッセージを発信した。

「もうこれ以上協力しない。君たちが消した僕の記憶をすべて返してくれ！」

すると不思議なことが起こった。青白い金属、それもゼリーが混ざっているような柔軟性のある青白い金属がふいに目の前に現れた。それは長さ10センチほどの小さな丸い棒で、空色に光っていた。その棒は僕の正面60センチくらいまで近づいたかと思うと、突然二つに折れた。その瞬間、僕は気絶した。1時間後、目が覚めてみると強い怒りはことごとく消えていた。怒ったことも忘れて、ただ起きて、当たり前のようにその日をスタートした。気絶したあとに何が起こったのだろう？僕にわかったのは、彼らへの反発や怒りがきれいに消えていたことだけだ。あの青白いゼリー状の金属棒は、人の感情や怒りに作用するものだったのかもしれない。余談だが、後年、同様の青白いゼリー状の金属を見たという女性に会ったことがある。彼女の場合には、隣で寝ていた弟が起きないようにと、その金属が使われていたらしい。

〝訪れ〟があった翌日に蘇ってくる記憶の断片には二つの種類があった。

一つは、どこか見知らぬ場所で繰り広げられている意味不明の動作や、地球には存在しない、たとえば最先端のテクノロジーとかUFOのエンジンのようなものを見ているシーン、あるいは大勢の人が集まった会場にいる記憶など。

もう一種類の記憶の断片は、出来事の中身がなく、外側だけが記憶に残っているというもので、僕はそれを「記憶の殻」と名づけた。夜中に宇宙人と話したり、どこかへ連れて行かれたらしいことはわかるのに、体験そのものは何も憶えていない。ただ、体験がきっかけで起こった自分の心の動きや変化、気づきや発想、新たな決意、彼らへの思いやりなどは残った。しかし具体的な内容、出来事は思い出せない。兄もそういう経験があるらしかった。

ある朝起きると、兄はこう言った。

「ゆうべ彼らに、なぜ来るのかと聞いてみたよ」

「答えてくれた？」

「うん。答えてくれた。長い答えだったという記憶がある。でも内容は憶えていない。安心できたし納得もしたから、もう心配してないけど」

兄は結論にたどり着いたようだが、僕はまだ不満だった。

中身のない「殻」だけなのには、いくつかの理由が考えられた。

一つめは、宇宙人が僕たちの記憶をブロックしたということ。僕らの精神のバランスを崩さないためだ。彼らの行動は僕たちの脳では理解できないというわけだ。知らぬが仏というところか。理解できないことに対する僕たちの反応が、彼らの計画の邪魔になるということも考えられた。

二つめの理由として、自分で記憶をブロックしているという可能性もある。自己保存のメカニズムで、一時的に自分の記憶を消す。これは人間が衝撃的な出来事に直面したとき、心的外傷後ストレス障害（ＰＴＳＤ）を起こさないために心がとる防衛手段のひとつだ。

三つめに考えられるのは、魂とのアクセスがまだ開かれていないということ。

僕が観察したところ、人間の記憶媒体は次の三つだ。

・脳（記録ができる身体の器官）
・魂（身体を運転している人間の本質）
・身体（脳以外の身体の筋肉や細胞）

「脳の記憶」はそれが保存されているかぎり、いつでもアクセスできる。いっぽう「魂の記憶」には、自分と魂のあいだに明確なコミュニケーション回路が築かれていないとアクセスするのは難しい（「身体の記憶」については十分な体験の蓄積がないのでここでは触れないが、興味のある人は専門家による本を参考にしてほしい）。

宇宙人が僕に体験させていたことは、「脳」ではなく「魂」にダイレクトに記録される部類のものではないかと思われた。だから彼らとの関わりや起こった出来事の記憶を呼び起こそうとしても思い出せない。そこが鍵だ。むしろ荘厳な音楽を聴いたり、感動や感謝があふれてくる情景を思い起こしたり、それを体験したときの「感覚」「感情」を呼び覚ますことで魂にアクセスすることができた。そうして魂とのアクセス回路が開かれるにつれ、宇宙人との記憶も自由に引き出せるようになっていった。

二人の「僕」

前にも言ったように、ＵＦＯを見た直後から、僕はもう一人の自分がいることに気づくようになった。最初は気のせいだと思っていたが、気配が訪れると、自分のどこかで会話が始まる。でも深層の「僕」が彼らと何を話しているのか、観察しようにも一部しか見えない。しかも記憶からすぐに消えてしまう。魚を両手でつかまえたと思った瞬間、手からすべり落ちてしまうような感覚。これはとても残念だった。

〝訪れ〟がある日は、まず事前にお知らせが来る。〈今晩、行く〉というメッセージを受け取ると、僕の頭のどこかで「よかった。いろいろ質問したいことがあるんだ」という声がすることがあった。僕はこの会話を第三者の立場で観察するようになった。メッセージの差出人は宇宙人、宛先は僕。では、「よかった」と答えたのは誰だろう？　僕に違いないが、僕ではない。僕の顕在意識は「だめだよ、今夜はゆっくり休みたいんだ」と思っていたりするからだ。でも「いろいろ質問したいことがある」と答えたのも僕だった。僕のなかにいる、もう一人の僕。

気配が現れると、「僕」がはっきり二人に分かれる。一番目の「僕」はふだん通り日常生活を送っている自分。いまこの原稿を書いている僕だ。

もう一人の「僕」は、この僕のもっとずっと深いところで、小さな声でささやいているような存在。五感を超えた精妙な現象がわかる「僕」、霊感のような「僕」。

〝訪れ〟があったときは、家の中で夜通し彼らの気配がした。気配に質問しても返事はない。しかし部屋と僕の波動が上がると、深層の「僕」と彼らとの会話が始まった。そういう新しいコミュニケーションを何年も体験して、ようやく〝訪れ〟の目的が理解できるようになった。彼らは地道に僕をトレーニングしてくれていたのだ。

数年にわたり「二人の自分現象」を観察するうちに、僕のなかに宇宙人と自由に話せる、もう一人の「僕」がいることが次第に明確になっていった。何かを体験してもわずかな記憶の断片しか残らないふだんの僕では、宇宙人に質問しても返事がもらえない。だから、奥に隠れたもう一人の「僕」を探すようになった。

もう一人の「僕」が出てくるのはどんな瞬間だろうと気をつけてみると、〝訪れ〟以外でもときどき登場していることがわかった。友達や恋人、家族といった親しい人たちと愛情を分かち合っているとき、誰かをサポートしているとき、スピリチュアルな本を読んでいるとき、瞑想しているとき、自然の中を散歩しているとき、人に共感しているとき、嬉しさや幸福を感じているとき、クラシックやヒーリング音楽を聞いているとき、歌っているとき、外国へ旅しているとき……僕はこうした状況を意識的につくり、もう一人の自分の登場を注意深く観察することにした。その「僕」――つまり魂――との架け橋ができれば、深い記憶にもっとアクセスしやすくなるはずだから。

「二人の自分現象」を述べるには、芝居のイメージがいいだろう。ふだんの「僕」は観客を前にして舞台に立っている。深層の「僕」はカーテンの後ろ、舞台裏にいる。客席にいる観客は現実生活のあれこれを象徴している。仕事や世間のこと、物質的な世界で生活するのに必要なもろもろだ。舞台の上の僕が舞台裏にいる宇宙人に質問すると、舞台裏の僕に返事が届く。ときには返事だけでなく、もう一人の僕が宇宙人と会話することもある。舞台からはカーテンの動きしか見えないし、つぶやきぐらいしか聞こえない。裏で何かが起こっているのは感じるが、その内容まではわからない。断片的に言葉がもれ聞こえてくることはあっても、何を話しているのか知るすべもない。

舞台の上にいる僕は裏で何が起きているのか気になって、舞台のそでに近づいて話を聞こうとするが、そこには長く留まっていられない。裏へまわって確かめたくても、芝居は続いているので舞台をすっぽかすわけにはいかない。表と裏のバランス——つまりこの三次元の物質世界と、見えない世界とのバランスが必要なのだ。行ったり来たりはできるが、どちらにも落ち着いて留まってはいられない。舞台上の芝居に集中することもできず、舞台裏の出来事を理解することもできない。

仕方なしに表と裏を行き来するしかなかった。舞台そで近くに長くいると芝居が成り立たず、舞台の上にばかりいると今度は裏のことが遠のく。いっそ裏を無視し、表舞台だけで人生を演じようと思っても、そうはいかない。舞台裏は表舞台の安定につながっているからだ。ただしそれは数年後になってようやく見えてきたことで、その前にさまざまな体験をする必要があったのだ。体験が、少しずつ二人の「僕」のあいだのカーテンを薄くしていった。

ある日、カーテンが開いた。

4章 ワンネス

かいま見た地球

夏休みも終わりに近づいた9月、僕はパリ市内にアパートを借りた。

大学の授業が始まるのは10月だったので、それまで当分のあいだ平日は兄の家に泊まってバイトを続け、週末だけパリのアパートに帰ることにした。

〝訪れ〟は相変わらず続いていた。


ある日、バイトの最中になんとも不思議な体験をした。

それは墓園の雑草を刈っていたときのこと。

コンクリートの台に足を乗せたとたん、立っている足もとの地面から一瞬、地球そのものを感じたのだ。足の下にそのコンクリート台だけではなく、墓園、パリの街、フランス全体、地球が、次々と感じられた。地球の重量さえわかった気がした。それはとても繊細で美しい感覚だった。

仕事中だったので、「今の は何？」と一瞬立ち止まっただけだった。

夜になって兄に話してみると、なんと兄もその日、同じ体験をしたという。

なんだろう。僕たちの感覚の範囲が拡大しているのだろうか？

毎日勉強や仕事に追われて忙しく過ごしていた僕らは、突然の奇妙な体験に少なからず驚いた。波動の影響で次のステップに進んだのかとも思ったが、いずれにせよ、何が起こったのか理解できなかった。

その頃は毎日の体験が激しく変化していた。二人とも二日に一度くらいの頻度で、わけもなくいきなり感動があふれて胸がいっぱいになってしまう。たとえば車で帰宅する途中、ぼんやり景色を眺めていると、ふいに「人生って素晴らしい！」という歓喜がこみ上げ、心に広がってくる。それは得難い体験で、魂が震えるような素晴らしい感覚だったが、兄も僕もなぜ突然そんな気持ちになるのかわからなかった。ただそう感じられたことに感謝するばかりだった。

躍動する宇宙

9月が終わり、僕はパリ市内に引っ越した。

パリのアパートで一人暮らしを始めてからも、ときどき心が打ち震えるような感動がわき上がることが続いた。ある日、地下鉄から家に帰る途中、それまでのレベルをはるかに超える体験をした。

通りを歩いているとき、ふと頭の中で誰かと会話していたことに気づいた。いま誰と何を話していたんだろう？　考えても思い当たらない。ただの気のせいだと思った数分後、また頭の中の会話に気づいた。今度は内容が聞こえてきた。話しているのは僕で、誰だかわからない相手に説明されたことを、僕が繰り返していた。

そうなんだ！　過去と未来はただ僕たちの頭がつくり出したもので、本当は存在しない。存在しているのは今だけ、この「現在」だけだ。つまり、躍動する宇宙なんだ！（la dynamique de l'Univers!）

そう言い終わった瞬間、僕の感覚と視覚が別のものに変わった。いつもの街並みと同時にもう一つのフォーカスが現れ、銀河の螺旋が渦巻いているダイナミックな宇宙の動きが見えた。目に映る空の色が青から緑に変わり、宇宙と自分が一体となった感覚に呆然とした。空には無数の光る糸が、まるで宇宙の毛細血管のように走っているのが見えた。と同時に、僕の目線が身長より高く上昇しはじめた。どうやって目線の位置が上がったのかわからない。ちょうど横断歩道を渡っている最中で、向こうから一人の女性がこちらに歩いてくる。あ、自分の身体が伸びはじめた、と本気で思った。歩いている女性にそれを見られる、と恐れたとたん体験が終わった。目線の高さが通常に戻り、身体が伸びたわけでもなかった。よかった。ホッとした。

家に帰って、この体験を整理してみた。

過去と未来は僕たちがつくり出したものにすぎず、本当は「今」という躍動する宇宙しか存在していない。過去から未来へと流れる一直線の時間というものはなく、あるのは「今」だけ。それが現実なんだ。それを身体で感じた。壮大で、荘厳で、どう言葉を費やしても足りないほど美しい体験だった。宇宙は螺旋を描きながら動いていた。その宇宙の躍動を感じることができたなんて！

でも、じつは知らないうちに自分が正気を失ってきたのではないかという心配も残った。いくら考えても頭ではこの体験を理解できなかった。記憶を呼び戻そうとしても、ぼんやりとしたものしか出てこない。一番鮮明な記憶は、頭ではなく心の中に見つかった。その「心」は、波動を感じるのと同じ「心」だと気づいた。身体を超えた次元のハートだ。

そのとき、日々の現象を記録していた日記帳がわりのノートに、僕はこう書いた。

＊2004年10月6日
今日、「時間」そのものは存在しないと気づいた。「動的な力」があるのみ。

このコンセプトに気づいたのは、まず心で、そのあと頭で理解した。これを知ることができてとても嬉しい。

次の日にはこんな感想を書いている。

＊２００４年10月７日
そこにあるのはたった一つの力の動き。躍動する宇宙。そう考えると「私」「家族」「国」などという頭でつくられたコンセプトの虚しさが明らかになる。私たちは個々の存在ではなく、目に見える次元でも見えない次元でも、みなこの宇宙の力に統合されている。

その後、「躍動する宇宙」と名づけたこの現象を頻繁に体験するようになった。この体験はさらに深い体験へと発展した。ノートにはこう記した。

＊２００４年10月13日
ときどき、「生《ライフ》」そのものである躍動を感じる。この動き、この循環。世界と、世界が全体となって動くときの活発な力。それは信じられないほど美しく、精密に動くので、

これを前にすると、たちどころに涙がこみ上げる。そして完全に圧倒される。そのとき、「私」はなくなり、この動きと一体化する。その美しさに涙が出る。生きることがこれほど美しいとは。

ワンネスの体験

当初、こうした体験をどう解釈していいかわからず、勝手な呼び名をつけていた。それは「宇宙の躍動を感じる体験」から、「現実を一瞬かいま見る体験」にまで発展していった。長いネーミングだが、その体験に名前をつけるとしたら、ほかに呼びようがなかった。

「現実を一瞬かいま見る体験」は「生《ライフ》」、「生きることの美しさ」から始まる。その美しさは、大きな悲しみと大きな喜びが一つになったような不思議な美しさだ。悲しみと喜びが一つに統合され、日常生活ではとうてい感じられないほどの圧倒的な力強さで心に押し寄せてくる。胸がとても苦しくなる。苦しいのに、生きるとはなんと尊い体験なのかと、あふれる思いに感極まって涙がとまらなくなる。そして「時間」と「私」が同時に消滅し、目の前に広がる現実が心の目で見えてくる。

「私」がなくなった心でまわりを見渡すと、そこには「愛」「美しさ」「悲しみ」しか見えなかった。テーマは「生」への愛。この愛は、「私」が「生」を愛するのではない。「愛＝宇宙＝わたし」だった。目の前を歩く人たち、犬や猫、目に映る生きとし生けるもののすべてが自分と別の「個」ではなくなり、パリ、フランス、地球など、ありとあらゆるものが自分のハートとなり、やがて宇宙と一体になっていく。喜びや楽しさばかりではなく、悲しみや痛みも同時に感じる。でも、感じているハートそのものが美しいのだ。


この体験は繰り返し起こった。週に一回が二回になり、毎日になって、ついには一日に数回と、どんどん頻繁になっていった。場所や時間にかかわらず、それは唐突に始まる。スーパーで買い物中だったり、横断歩道を渡っている途中だったり、家でレポートを書いていたり、道を歩いたり地下鉄に乗っているとき、突然なんの前触れもなく起こった。

はじめの頃はそれほど心配しなかったが、そのうち日に何度も起こりはじめると日常生活に支障をきたすようになった。いくら宇宙との一体感が素晴らしいとはいえ、スーパーで買い物をしているときにこの感覚に圧倒され、涙が出てきてしまうのには困った。まわりの人の目が気になった。

　いったいこれは何なのかと何度もインターネットで調べてみたが、適切な検索ワードすら見つからない。「非常な喜び」とか「素晴らしい感覚」などと入力してみても、この現象に結びつくような記述はどこにも見当たらなかった。僕が体験しているこの現象はきっとほかにも誰か体験しているはずと思っていたところへ、日本の友達からメールが届いた。日本でエドガー・ケイシーのリーディングを広める会社を経営し、スピリチュアルな生き方や健康に関するメルマガの配信もしている菜央子さんという女性からだった。彼女とはある友人を介してその年の9月にパリで知り合ったばかりで、街を案内したりベジタリアンのレストランを一緒に探したりしたが、僕の体験についてはまだそれほど詳しく話していなかった。

　ところがこのとき菜央子さんから届いたメールには、彼女が書いたメルマガと、おもにアメリカ人が体験したスピリチュアルな現象の証言集が添えられていた。読みはじめて驚いた。それはまさしく、僕が体験している現象と同じだった。

- 地球の愛を感じる
- 地球上のすべての人たちと一つになっている感覚

・「私」がなくなる感覚（自己の消失）
・宇宙と一つになった感覚

僕が体験したすべてがリストにあった。とうとう同じ体験者の声が聞けた。安心感があふれてきた。やはり僕は気がふれたわけじゃない、よかった！

なにより、この現象には名前があった。「ワンネス」。ほかにも「宇宙との一体感」、「至高体験」、「覚醒体験」、「自己超越体験」など、さまざまな呼び名があることを知ったが、僕には「ワンネス」が一番しっくりきた。体験から見た場合、「宇宙との一体感」には位置を優先するようなニュアンスがある。スピリチュアルな意味合いを含む「ワンネス」のほうが体験から学べる内容をはっきり表わしているので、僕はこの呼び方が好きだ。

菜央子さんからのメールを読んで、僕はユーレカを感じた。ユーレカとはエウレカともいい、アルキメデスが「発見の喜びの瞬間」に叫んだとされる言葉だ。さっそくそう返信したところ、彼女によるとワンネスはふつう人生で何度も起きない体験だそうだ。僕はほぼ毎日二、三回か、週に数回という体験が続いていたので、変だなと思った。それを彼女に伝えると、こう聞かれた。「ほんとう？ ワンネス体験がもう何度も起こったの？」と。「宇宙との一体感」

または「自己の消失」を体験しているのは確かだと思うが……。でも、体験は何回どころではなく頻繁にずっと起きている、というのはなんだか気恥ずかしくて言い出せなかった。

ワンネス。僕が体験している現象にやっと名前がついた。

僕の「現実を一瞬かいま見る体験」は「ワンネス体験」になった。

ワンネス（One-ness）――すべてと一体となっている状態。確かにこの英語の名称はふさわしい。自分の母国語、フランス語ではなんと言えばよいのだろう。すべてが一つになるという意味の「unicité（ユニシテ）」だろうか。

ワンネスは脳では体験できない。ハートで感じる。ワンネスは「愛」に満ちあふれている。無条件で無境界の愛だ。愛を感じる相手は、家族や友達なのか見ず知らずの他人なのか、性別や年齢、文化や人種にはまったく無関係で、さらには人か動物か、昆虫か植物か、生物か無生物かも関係ない。地球で生きているもの、存在しているもの、そのすべてに愛を感じる。

そこに恐れや疑いは一切ない。

やがてその愛は地球を超え、宇宙にまで広がり、宇宙と一体となる。「宇宙＝愛＝わたし」

となり、自分と他を分けているものが無くなる。一つひとつを区別できなくなる。

ワンネス体験のはじまりは、愛だ。愛は感動を生みだす。胸がいっぱいで涙を抑えられない。その愛はハートをつらぬく。アンプを調節すると音楽の周波数が飽和するみたいに、人間である自分がこの愛で飽和状態になる。ハートが愛で満ちあふれる。この愛が、人間である僕の殻を破り、それを超える次元の体験をさせる。

この愛から学んだ一番大切なことは、「私はあなた、あなたは私」。他者との区別はない。それは頭で理解するコンセプトではなく、身体で感じる体験だ。「私はあなた、あなたは私」という感覚が身体に浸透すると、見ず知らずの他人を見ても自分が見える。人が体験している人生に深い感謝が湧いてくる。皆が一つの生命体のように、互いの体験を重ね合わせているのがわかる。

相手はただ違う自分であり、相手が言うことなすことは、自分が言い、なすことだ。

これはワンネス体験がもたらす境地のひとつだ。相手の目の中に自分が見え、相手の声の中に自分の思いが聞こえる。それは一対一の関係だけでなく、自分対何万人という単位でも起こる。脳で考えることではなく魂で感じることなので、数はまったく関係ない。何万人が体験して感じていることを自分の感覚として感じたとき、それはバラバラなはずなのに一つのハーモニーとなり、ただただ美しかった。

感動の花

日に二、三回ものワンネス体験。なぜこんなにも頻繁なのか。何か意味があるのではないか。僕自身がワンネスを起こしているわけではないから、誰かがこの体験を通して何かを知らせようとしているのだろうか。僕はこの体験が何を意味するのかわからず、あれこれ想像をめぐらせた。仏教でいう悟りの境地なのか、彼らからメッセージを受け取るための手段なのか、それとも宇宙を旅する方法なのか。そもそもどうしてワンネス体験が起こるのだろう。ワンネスがスピリチュアルな体験における最高の理想状態なのだろうか。

だとしたら、日常の些末なことはもう出来なくなってしまうのか？ 生きていくには仕事をしてお金を稼いだり、食事もしなければならない。友達と屈託ないおしゃべりもしたいし、パートナーとも一緒に過ごしたい。もしワンネス体験が最高の理想状態だとして、そのワンネス体験がもっと増えていったら、そんな三次元的な生活はあきらめなければいけないのだろうか……？　次から次へと疑問は湧いてくるばかりだった。

なにより僕を悩ませたのは、人前で起きるワンネス体験だった。回を追うごとに体験は深くなり、たとえ一瞬でも感動のあまり膝が崩れ、涙があふれてしまう。公の場所ではとても困った。てんかんを患う人の気持ちが少しわかるような気がした。突然起こる発作を恐れる気持ち。大きな心配の種に違いない。まずはワンネスが突然起こるのを止める方法を見つけなくては、と思った。人前でいきなりこの感覚が起こって困惑するのを避けるため、ワンネスがふいに起こっても自分の意思で止められるようになろうと僕は決意した。

すでに繰り返しワンネスを体験していたので、パターンはなんとなくわかっていた。観察を通して気づいたのは、ワンネスの最中にその体験を記憶しようとすると体験が終わる、ということだった。つまり脳を使えば、スイッチを切るようにワンネス体験を終了させることができたのだ。

次に、どのようにしてワンネスの感覚が生じてくるのかを突きとめる必要があった。なぜ突然現れるのか。きっかけは何か。それがわかれば、ワンネスが急に起こるのを防げるのではないか。僕は感覚が生まれる前兆――つまりワンネス体験のきっかけ――をとらえようと全神経を集中して観察した。

ワンネスの感覚が生まれるたび、その直前の要因を見つけようとしては何度も失敗した。それでは遅すぎたのだ。思ったほど簡単ではなかった。感覚が出てきた時点ではもう遅い。まさに発生する瞬間の兆しを観察できないと、何がワンネス体験のきっかけなのかわからない。一度も見つけられないままに日が過ぎていった。ワンネスの兆候をとらえるのが遅すぎて、感覚が生まれるたびに失敗したことに気づかされた。

そんなある日、手紙が届いた。

僕は数年前から、アフリカの子どもたちの教育の機会を普及させるＮＧＯの支援活動に参加していた。毎月いくばくかのお金を送ると、アフリカの子ども一人が学校に通うことができる。ときどき、その子どもの様子や成績を知らせる手紙が届くことになっていた。受け取ったのはその手紙で、支援している子どもの写真も入っていた。手紙を読んでいるうちに感動が起こり、写真を見た瞬間、ワンネスの兆候が始まった。

これだ！

感覚の生まれる瞬間をとらえた。はじめてだった。相手に対する共感《エンパシー》、自分のことのように人を心から思う深い気持ち。そこからワンネス体験が起こっていた。そこからすべての人に対する愛が生まれる。思えばそれは至極当然のことだった。相手のことを自分のように感じ、考えること。相手との境目がないこと。人と一体になっている瞬間だ。

そして共感《エンパシー》からワンネスへと発展するには、もう一つ必要な要素があった。それは高い波動――宇宙人が訪れるときぐらいの――だ。それにはどうすればよいかと考えていると、以前の体験からヒントが見えてきた。〝訪れ〟が頻繁だった頃、クラシック音楽や高音域の音楽を避けていた。そういう音楽を聴くと、気配《けはい》がより強くなったからだ。つまり、そういった音楽には波動を高める効果があるということだ。

共感《エンパシー》と、高い波動を呼び起こす音楽。この二つの要素を避ければ、突然ワンネスが起こることはない。それがわかって嬉しくなった。

すると、逆にこれらの要素を使えば、それまで突発的に起こっていたワンネスを意識的に引き起こせるはずだという考えが浮かんだ。2秒考え、さっそく実行に移してみた。

音楽を用意し、先日の手紙をもう一度読んだ。共感《エンパシー》、その子への愛おしさがこみ上げてくる……出た！　ワンネスの感覚が生まれた。それが深いワンネス感覚に発展しそうになる直前、脳で記憶しようと試みた。すると感覚は止まった。終了だ。

これは重要な学びだった。ワンネスは脳では体験できないばかりか、逆に脳はワンネスの邪魔になる。判断をいっさい介入させず、ただ観察する姿勢でなければ、共感《エンパシー》からワンネスへと発展することはない。意識の働く場所を、脳からハートに移す必要があるのだ。

こうしてワンネス体験を起こす要素がわかった。あとで述べるように、まずベースに「魂の合意」がなければならないが、そのうえで次の三つが必要となる。

- 共感《エンパシー》
- 高い波動
- 観察に徹する姿勢（頭ではなくハートで感じる）

この三つの要素がそろうと、感動の花が咲きはじめる。この感動の花がワンネス体験への扉になる。扉が開くと、そこは無条件で無境界の愛の世界。その愛に包まれていると、ついには自分が愛そのものに溶けていく。愛と宇宙と自分の区別がなくなり、自分自身も自我のない「わたし」になる。宇宙も、個々の銀河や恒星や惑星で構成される宇宙ではなく、愛そのものの宇宙となる。「宇宙＝愛＝わたし」が一つに融合したものとして存在する。

僕はさっそくワンネスを呼び起こしてみた。ワンネスの感覚を楽しみたかったわけではなく、もっと幅広く見て深く理解したかったからだ。波動が上がると、理解の度合いは大きく広がる。スピリチュアルな次元にアクセスでき、多種多様な情報が流れ込んでくる。人間として生きている「今」がずっとクリアに認識できるようになる。波動を使ってフォーカスを今に合わせたことはあったが、今度はワンネスの誘起でそれをしてみようと思った。

音楽を流し、アパートの部屋の窓辺に立って外を歩く人々を見つめ、彼らと一体になるよう心を整えていった。すると共感《エンパシー》の気持ちがわき上がり、感動という花が咲きはじめる。感動の花が開いたら、その感覚でハートを満たし、存分に味わう。通常の感動をはるかに超えたレベルの感動に達し、一瞬にして地球上すべての生きものと一体になるのを感じた。このとき、身体のなかを何かが少しずつ上ってくるような感覚があった。へそから心臓のあたりにかけて、その通り道まで見えるようだった。

ありとあらゆる生きものと一体になる感覚は素晴らしかった。一人ひとりがしていること、感じていること、それぞれ違う場所、違う方向で人々が体験していること、そのすべてが自分のことに感じられた。見えている世界が一気に濃く全方向に広がる。美しいビジョン！思い出すだけで鳥肌が立つ。そのビジョンが訪れるのは一瞬だけ。次には宇宙との一体感がやってきた。
これがはじめて自分でワンネスを誘起したときの体験だった。

ガイアの叫び

ワンネスを起こしたとき、宇宙との一体感ではなく、地球の叫び声を聞いたことがある。音とイメージ、そしてガイアと呼ばれる地球そのものの喜びと悲しみが混ざった叫び。その深さと強さに心が引き裂かれた。僕たち一人ひとりが地球を損なう選択と行動をとり、地球はスズメバチに刺されたような痛みを感じて叫んでいた。地球環境に対する人間の破壊行為や汚染、動物たちへの殺戮《さつりく》や虐待、それらを地球は痛みとして感じていた。地球はその痛みを避けようにも逃げ場がない。地球上ほとんどすべての場所に人間が存在しており、全身をウイルスにやられているような状態なのだ。同時に、地球上に存在する生態系の崩壊が進んでいるのが見えた。地球の生態系は死につつある。命あるものが消えようとしている。そのことも地球にとって大きな痛みだった。

このときの体験は脳で記憶しようとして終わったのではなく、あまりにも激しい心の痛みでとつぜん途切れた。張り裂けた心は地球の悲鳴に耐えられず、ワンネスから引き戻されたのだった。

この体験で観察したことのリストは次の通り。

- 地球は生きている。
- 生態系の存在。
- 地球の叫びは、音とイメージと痛みの感覚の混ざった波動とともに全宇宙に拡散している。この波動を受け取れる宇宙存在は、どれだけはるか彼方にいようと、この地球の叫びが聞こえているに違いない。
- 僕という生物も生態系の一部として、地球に対して行っている破壊行為を自分の痛みとして感じる。
- 地球上の生態系が少しずつ崩壊している。だが地球自体が死ぬわけではなく、生態系だけが消滅する方向に進んでいる。
- 生態系の崩壊は悲しい。と同時にそれは美しい。なぜなら生と死は大きな「いのち」

の営みのひとつ。たとえ今の生態系が消え去ったとしても、また新たな命が再生される。生と死、創造と破壊、どれも同じ現象の一面だ。

僕はここで大きな違いを知った。それは「体験する」ことと「頭で理解する」ことの違いだ。ワンネスを体験しているときにその内容を頭で理解することは不可能だ。頭で解釈しようとした瞬間、ワンネスはそこで終わってしまう。判断も解釈もせず観察者の立場でいなければ体験は保てない。そしてワンネス体験の記憶は頭に残るのではなく、ハート（魂や直感とつながった心）と身体に刻まれる。ハートと身体で思い出すのだ。ではワンネスという体験は、いったい身体のどこで感じているのだろう。

ハートと身体でしか思い出せないという現象も初めてだった。その記憶はあとから思い出そうとして思い出せるようなものではない。たとえば、いまこの文章を書いている僕がワンネス体験について書くには、ワンネスに近い状態にならないと書けない。記憶を呼び覚まして書こうとしても思い出せないのだ。でも、それはこの時点ではまだわかっていなかった。

魂との架け橋

ただワンネスがどれほど素晴らしい体験であっても、毎日起こそうとは思わなかった。もともとワンネス体験が起こる要素を調べたのは、この感覚がとつぜん起こるのを防ぎたかったからだ。日常生活を順調に送るためには、どうにかこの不思議な美しい気持ちを抑える方法を見つけなければいけない。いつ起こってもよい、というものではない。ワンネスという体験は深く心を揺さぶるので、それに耐えられるだけの準備が必要となる。それにはまず、「魂の合意」がなければならない。今の自分にとってその体験がふさわしいかどうか、それは魂が決める。

そもそも「魂」はどこに隠れているのか、どうして見えないのか、というのは僕の幼い頃からの疑問だった。宇宙人の〝訪れ〟が始まってからというもの、僕はゆっくりと何年もかけて魂が現れてくるほんのわずかな瞬間を待ち、徹底的に観察を続けた。そうして徐々にわかっていったのは、人との関わりや体験した物事にともなう感情と同時に「魂」が現れてくるということだった。魂は頭でなくハートを通して表現し、感情や感覚でコミュニケーションしてくる。分析好きな頭タイプの僕にとっては意外なことだったが、そう気づいてからは「感覚のチャネル」、つまりハートを通して情報交換を行うようになった。はじめは脳のノイズが激しく、かすかなインスピレーションくらいしか聞き取れなかった。それでもひたすら判断なしで聞くことに集中するうちに感度が高まり、魂とのコミュニケーションはずっとスムーズになっていった。

この当時、自分の意識と魂のあいだに「架け橋」が育ちつつあるという印象があった。それは魂からのメッセージというより、魂の導き、直感的なひらめきのようなものと言うべきだろうか。脳が無心に何かに集中しているとノイズが静かになり、ふと魂がかいま見える。脳が邪魔しなくなって魂との風通しがよくなり、魂の望みがわかってくる。

ワンネスの体験が継続的に起こるようになるとしたら、身体、考え方、生き方全般にわたる根本的な改革が必要だった。この自己リフォームは、2004年の夏のあいだ知らないうちに進んでいた。毎日彼らのコンタクトがあったのも、その主な目的は、ワンネスの体験に向けて僕の心、身体、魂をリフォームするためだったのだ。

これらはもちろん、あとからわかってきたことだ。ワンネスの体験を整理し、その体験を自分に統合するまでには数年を要した。バランスが必要だったからだ。しずくが水面に落ち、波紋が広がってふたたび静かな水面に戻るまでには、しばらく待たなくてはならない。

思念の雲

ときどき自分の意識が狭くなっているのを感じると、広い観点を取り戻すためにワンネスを誘起した。窓のそばに座り、通りを歩く人々を見つめ、ハートの奥から共感《エンパシー》を呼び出すことでワンネスを起こす。人が多ければ多いほど起こりやすかった。

最初の共感《エンパシー》のステップで人と一体になる。そのたび面白い現象が見えた。このステップはほんのわずかな時間しか観察できないため、一瞬かいま見るような感じだったが、繰り返しワンネスを起こした結果、いろいろなことがわかってきた。

その一つは、人と人のあいだに起こる思念の雲とその交流だった。通りを歩く人々の考えが本人のまわりに雲のように現れるのだ。その人の信念や想念が形となって顕在化しているのだろう。ポジティブな思いは明るい色の雲として、愚痴や不平不満の思いは暗い色として見える。積年の悩みがずっと頭の周辺にまとわりついている人もいた。ふと湧いた考えが、突然ポンと頭のまわりに現れることもあった。その思念の雲と一緒に、考えている内容も伝わってきた。彼らの思いが、僕の脳にではなくハートに響く。その雲をはじめて見たときは驚いた。想像したこともない現象で、意味もわからなかった。でも何度もワンネスを体験するうち、だんだん当たり前の現象に見えるようになった。

次第にわかってきたのはこういうことだ。僕たち一人ひとりが創造者で、つくり出したいものを念じて宇宙へ送り、宇宙は鏡のようにそれを実体として映し返す。そのプロセスは一は一から十まで時間がかかるが、最初のステップは「思い」だ。思いは漠然とした雲となり、そのプロセスれがだんだん形ある実体となっていくことで物質的な次元で具現化される。

人々が道路ですれ違うとき、双方の思念の雲が触れあい、互いに影響を及ぼしているのも見えた。交流はつねに行われていた。通りを歩きながら赤の他人とすれ違っているときでさえ、目に見えない次元での交流が起こっている。

僕には交流が見えただけでその結果はわからなかったが、ふとアイディアが湧いたり、インスピレーションがひらめいた時というのは、きっとこの交流の影響を受けているのだろう。頭の中で歌をうたっているとき、そばにいる友達が同じ歌を口ずさみ始めることがある。それと同じ現象だ。

エネルギー体とスピリット

繰り返しワンネスを誘起していると、つねにワンネスに近い状態になる。波動を感じやすくなり、いつでもその体験に入れるようになる。これもあとから気づいたことだが、スポーツと同じで鍛えれば鍛えるほど容易にできるようになるのだ。

ワンネス体験が頻繁だった頃、日々の生活にもさまざまな影響があった。たとえば、道を歩いているだけで周囲の人から何かを感じ、それが心地よいときもあれば不快で気分が悪くなることもあった。スーパーや人混みで近くにいる人の考えが聞こえてきたり、あるいは人の全身を見ると健康状態やバランスのとれていない器官がわかったりもした。

体験から考察すると、僕たちは身体から目に見えないエネルギーを発しており、そのなかにはたくさんの情報が含まれている。その情報を受け取ることができれば、嘘はつけなくなり、お互い正直にならざるを得ないのではないかと思う。

こういったエネルギー体を少しでも感じられるようになれば、それらを介して情報交換ができるようになる。さらには宇宙人や守護霊などとも意思疎通が可能になってくる。波動が上がると情報が流れてきて、ラジオの周波数を変えるように波動を変えると、また異なった情報が得られた。
こうした学びを通して最終的にわかったことは、波動によって同じ波動レベルの物事や人物が引き寄せられてくるということだ。まさに「類は友を呼ぶ」の通り、自分の波動によってそれに見合う環境が備わっていく現象を数多く目撃した。それは物事や人物だけではなく、目に見えない存在についても同様だ。自分の波動が上がると、さまざまなスピリットやあの世の霊たちも見えてくるようになった。

ワンネスを誘起するために窓から人々を見つめていて一番驚いたのは、共感《エンパシー》を呼び出すときにかいま見たスピリットの存在だ。通りを歩く人のまわりに寄り添う、たくさんのスピリットたち。なかには亡くなった人の霊もいたが、多くは身体を持たずにこの地上で活動している存在だった。スピリットたちは人のすぐそばにいて、霊的に励ましたり、その人の考えをじっと見守っていたりする。僕はいつもワンネスを深く体験することに集中していたため、その姿を一瞬かいま見るだけだったが、そういったスピリットと人間との関係はどれもポジティブで、人々にスピリチュアルな支援をしているように見えた。

この現象を見るまで、僕は目に見えない存在にはあまり興味がなかった。亡くなった人は霊となり、しばらく地上に留まったあと最終的に霊的世界へ戻るのだと思っていたし、それ以外の存在がいるとも思っていなかった。だから、ワンネスで見たこの現象は驚きだった。

スピリットたちは皆、心から人間を支えたいと願っていた。僕の心の中でときどき聞こえる小さな声も、こういう存在から来ていたのだろう。きっとスピリットガイドと呼ばれる存在なのではないかと思う。

人間や土地に取り憑いて離れられなくなった霊のことを、よく憑依《ひょうい》霊や地縛《じばく》霊などというが、ワンネスの波動の高い状態で見る世界には、そういった霊が視界に入ってきたことはなかった。僕たちが住むこの世界は何層ものレイヤー構造になっており、彼らは別のレイヤーに存在しているのかもしれない。

僕が見たスピリットはとても自由に人々のあいだを闊歩していた。何より驚いたのは、その存在の多さだった。一人、二人といった数ではなく、そこらじゅうにあふれている。人間一人につき少なくとも一人のスピリットが付き添っていた。彼らは自由に現れ、あちこち移動し、人に近づいたり消えたりしていた。「なんだこれは!?」と最初は本当にびっくりした。人がいれば必ずすぐそばにスピリットがいて、何かしらかの交流がなされている。この現象はワンネスのはじめに一瞬目にするだけで詳しく観察したわけではないが、それでも彼らと人間との関わりの多さ、交流の豊かさに感銘を受けた。

想像してみてほしい。世界中の人たちと心がつながり、さらにその人たちがそれぞれにスピリットと交流している情景を。ワンネスのなかにいる僕は、世界中の人々のハートとつながりながら、間接的にそのスピリットとも交流していた。と同時に、その交流の様子を外から眺めてもいた。人々がスピリットと交流する様子を眺めていると、いつも深い感謝が湧き、心打たれた。

ワンネス体験のステージ

ワンネスの体験を重ねるうち、体験の深さにも段階があることがわかっていった。最初の頃は、各ステージとパターン、感覚やビジョンが区別できず、すべてを一度に体験しているような感じだった。けれども繰り返しワンネスを体験していくと、幾層にもステージがあることがわかり、その奥行きも少しずつ見えてきた。

ワンネス体験のステージ

	感覚・感情	解釈	視覚・ビジョン	脳・身体反応	時間感覚
5	意識のおもむくまま宇宙のどこへでも移動可能				
4	「私」がなくなる	宇宙との一体感	宇宙 望遠鏡で見る宇宙でなく愛の宇宙	見る・聞く・感じること、五感が一つになる	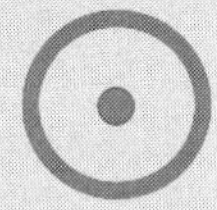
3	深い思いやり、共感（エンパシー）を体験	あなたは私、私はあなた（人との一体感）	人間のそばにいるスピリットが見える	ハートで音を聞く	
2	感動 普通の感動から、強い喜びと悲しみが混ざった感情	二元性を超える感覚	日常の現実に重なってスピリチュアルな次元が見える	まわりの人の思いが聞こえる	 曲がりはじめる
1	不思議な気持ち	魂として人間の経験を振り返って見る感覚	普通	ふだんとは異質の不思議な感覚	 直線的

前ページの表は、僕自身の体験をまとめてみたものだ。ワンネス体験をイメージする手がかりになればと思う。ワンネスを体験しているときには通常の時間の流れと矛盾し、直線的な「時間」が一時的に外れてしまう。

僕のワンネス体験を段階ごとに簡単に述べてみよう。

▼ステージ1

不思議な気持ちから始まる。高揚したわくわく感と人生への熱い関心がわき起こり、すべてが愛おしく感じられる。「生きているのは素晴らしい」という感覚で胸がいっぱいになる。

▼ステージ2

ステージ1の気持ちが感動へと発展する。良い悪い、喜びと悲しみといった両極が一つになったビジョンが始まる。大きな喜びと大きな悲しみが一つに混ざった感動が全身に広がる。何が悲しいとか何が嬉しいとかの区別はつかない。ただその感情の大きさに圧倒され、自然に涙があふれてくる。涙が出るのは悲しいからではなく、その感覚があまりにも美しいから。この時点ですでに通常の自分が感じている五感や感受性の幅が拡大している。脳よりハートで感じることが主となる。

時間が直線的な流れから曲がりはじめる。過去や未来のことが現在の上に浮かんでいる。つまり現在、過去、未来が同時に見える。ここで見える過去と未来は、ほとんどが親しい友達や家族にまつわることだ。

そこに人がいれば、その人たちの考え、思い、感情などが察知できる。人と人のあいだで交わされる目に見えないコミュニケーションが見えてくる。この時点で目と心の視覚が重なりはじめ、日常の現実の上にスピリチュアルな次元の現実がオーバーラップして見える。一人ひとりの発する波動が個性として感じられ、それぞれのパーソナリティや人生を波動で味わう。そしてステージ3に至るまで、花がほころぶように超感覚がさらに拡張していく。

▼ステージ3

ゆっくりと開く超感覚の花、ワンネスの花はより深い共感《エンパシー》を生む。このステージでは二つの重要な体験をする。

ずっと「僕」だと思っていた自分、すなわち自我が消えてしまう。これが「僕」だと思っていた存在は錯覚だったと気づく。その事実を受け入れ、覚悟を決める。これは脳で理解することではなくハートで体験することだ。頭がどう考えようとも、心に刻まれる。

まず驚いたのは、情報の流れだった。心で見る情報は、目で見る情報よりもはるかに多い。

「私はあなた、あなたは私」であり、自分と他者は一体であることを全身で体感する。地球上すべての人と心がつながり、人々の内にある喜び、悲しみ、心配、希望、期待などが自分のこととして感じられてくる。ハートが愛であふれ、大きな感動が始まる。この時点で、視覚がふだん見えない別の層をとらえ、人々のそばに亡くなった人の霊や身体を持たないスピリットが見えはじめる。

▼ステージ4

地球上の人間すべてとの一体感から、「私」という境界線、フォームが完全に消え、宇宙と一体となった感覚がしてくる。五感はさらに研ぎ澄まされ、五感を超えた感覚で新しい次元を体験する。自分が自由自在に形を変える流体宇宙となり、宇宙に遍在して、望めばどこにでもいられる。この時点で、目に見える現実次元とは別の次元を体験する。音やイメージを振動として全身で体験する。宇宙という素晴らしい生命、そのピュアな光、生きている光、透明で純粋な白い光、宇宙という無限の愛……そのすべてと一体化する。

▼ステージ5

宇宙のいたるところに生命が感じられる。意識を持った生命の活動を感じる。地球人類だけでなく、はるか遠くの惑星に生まれた意識ある生命の活動の存在が感じ取れる。その存在の美しさに感動する。宇宙は何もない空っぽの空間ではなく、「生《ライフ》」で満ちあふれている。宇宙と一体になれば、移動せずとも宇宙のどこでも見ることができる。距離に関係なく移動は瞬間的で、気の向くままに「無限の移動」が可能になる。

ステージ5に至ると、必ず身体から警告が響きはじめる。「それ以上体験をつづけると、心臓が止まるぞ」と。とたんに日常の現実に引き戻され、気がつくと両手両ひざが床についており、心臓に激しい疲れを感じる。心臓が止まるギリギリまで進んだような気がする。ワンネスが何分つづいたか感覚がない。1秒？ 1分？ よくわからない。

ワンネスと時間

ワンネスをはじめて体験したとき、それが何分ぐらい続いたかわからなかった。今もよくわかっていない。

ワンネス体験を保つには、観察に徹しなければならない。「保つ」というのは時間につながるコンセプトだが、ワンネスでは「時間」そのものが変化する。「時間」でなく「流れ」

が中心になる。つまりワンネスを体験しているあいだ、切り分けて計測できる「時間」は存在しない。ワンネスを体験しているとき、それが1分なのか1時間なのか、その体験の長さが計れない。時間感覚がなくなるので体験している時間の経過もつかめない。時間がなくなる世界を体験してはじめて、いつも自分がどれだけ時間に支配されていたかに気がついた。

僕の経験では、ワンネス感覚を体験しているあいだ、時間の感覚は完全になくなる。まず、時間というものが消滅し、すべてが「今」になる。過去、未来、現在は一つになる。過去から未来へという直線的な時間軸がなくなり、一つとなるのだ。それがわかったのは、親しい人たちの誕生と死の瞬間を見せられたからだった。人生にとってもっとも重要な瞬間、誕生と死の場面が一つの瞬間として目前に現れたのだ。それを見ていると、彼らに対する愛おしさで心がいっぱいになった。

ふだん僕たちは、赤ん坊の誕生は喜びとして、人の死は悲しい出来事として経験する。でもワンネスを体験すると、魂の立場からこの二つが同等に見えるようになり、両方ともとても美しい現象に見えた。身体に入る前の希望と興奮、さまざまな体験を重ねて身体から離れていくときに抱く感謝の気持ちと喜び。死ぬときは身体から離れ、それまで積み重ねた体験と人間関係の豊かさで心が満たされている。それを眺めている僕も、喜びと悲しみを超えた素晴らしい気持ちでその死を見つめていた。

ワンネス体験中は「時間」も「生と死の区別」もなくなり、すべてが瞬間的に同時に起こる。それは「今」。永続的で永遠の「今」。渦巻く力が中心となる。自分が躍動する力の一部になり、そこから前後左右360度の全方向が観察できる。このときのことを、表のステージ2で「時間が曲がりはじめる」と記した。ステージ4の時間を円で示したのは、過去、現在、未来の区別がなくなり、円の真ん中にいるようにすべての方向が同時に見え、すべての出来事が同時に観察できるからだ。つまり、過去、現在、未来が同時に観察できる。驚いたのは、その情報量の多さだった。膨大な情報が心になだれ込んできた。

ワンネスを終えて通常の意識状態に戻り、脳で論理的に整理しようとしたが、今しがた体験したこと、時間や観察した状況は、僕の三次元の脳の機能では理解も処理もできないと思い知った。日常の時間の流れに戻ると、最初その次元の低さに情けなく、そして笑えてきた。大学の専門課程から、いきなり小学1年生の授業に戻ったような感覚だった。

画家なら絵で、作曲家なら音楽で、詩人なら詩で表現しようとするだろう。でも、たとえ一流の芸術家を集めてそれぞれが表現したものを見せたとしても、とうてい人には伝えきれないもどかしさを感じる。この体験を、ぜひ多くの人にしてもらいたいと思う。特に、国の政治経済を担うトップに。もし彼らが一瞬でもワンネスを体験したなら、自然を破壊したり動植物を痛めつけたり、戦争を起こしたりは出来なくなるのではないか。

「脳の声」と「魂の声」

ワンネスを繰り返すごとに脳の反応パターンを観察し、少しずつわかっていったことがある。僕はあらためて「脳」について考えるようになった。

ワンネスを体験していると、僕が観察したかぎりでは、脳がスイッチオフされる。そしてワンネス体験が終わったときに脳がスイッチオンの状態に戻る。つまり、ふたたび働きはじめるのだ。ワンネスのどのステージで脳がスイッチオフされるのかはよくわからない。たぶん段階的にモードが切り替わるのではないかと思う。逆にワンネスから日常モードに戻るプロセスは急なので、はっきりわかる。対照的だから観察しやすい。

脳のスイッチオフからスイッチオンまでのプロセス、つまりワンネスから日常モードへの切り替えは、たとえるなら僕の愛車プリウスでスムーズに走っている途中、いきなりその車が40年代のアメリカのジープに変わったような感じで、その落差にかなりの衝撃を受ける。なめらかだった走行がとつぜんガタガタになり、走り方も大雑把で、「大丈夫かこの車は?」と心配になってしまうほどの差だ。これにはいつもガッカリさせられた。「魂」の情報処理量からすると、人間の「脳」はこんなにもポンコツなのかと驚いたことを鮮明に憶えている。まるで高性能の飛行機を乗りこなせる熟練操縦士が、子どものゴーカートを運転するようなものだ。これは非常に興味深い発見だった。

とはいえ、脳は素晴らしい道具だ。周囲の環境から受け取るすべての刺激を整理し、処理し、その状況を私たちが理解できるような形で提供してくれる。つまり具体的なイメージや場面を組み立てて「意味」を作るのだ。日常生活を送る、人間関係を円滑にする、身体を使う、それらもすべて脳という道具によって可能になる。過去や未来も、脳が扱う事柄だ。

脳が今までに体験したことがないものを処理するとき、新しい体験を過去の経験のどれかに当てはめようとする。新しいパズルのピース(まったく新しい経験)を古いパズル(過去の経験)にはめ込もうとして、脳はときどき困難に遭遇する。その場合、脳はだいたい次の三つのいずれかで対処する。

1．ピースの形をこれまでの経験に合うように変えて取り込む。
2．そのピースを否定して捨てる。
3．過去の経験の構造を見直し、新しいピースを取り入れるべく、ベースとなる自分をつくり変える。

脳はコンピューターと同じく安定性を最優先する。だから、時間も大切なコンセプトとなる。今まで蓄積してきた経験を保持しようとし、変化を敵とみなす。そのため、ほとんどの人はこのうち1か2の反応をするのではないだろうか。3の対応を脳が行うには、未来をも含めた大きなビジョンと変化の動機が必要だ。

未知の体験に遭遇したとき、脳は過去の体験ライブラリーまたはデータベースに似たようなパターンをさがし、それを扱える適切な「観点」があるかどうか調べる。ふさわしい観点がなければ、その体験はただの「勘違い」として処理される可能性が高い。たとえばUFOを見たり、宇宙人やスピリットからメッセージを受け取ったり、家にとつぜん気配がしたりといった超自然的な体験は、変わった出来事として一時的に記憶に残ったとしても、しばらくすると「ただの夢」とか「気のせい」として脳で処理されてしまいがちなのだ。これまでの「観点」で処理できないときには、そうすることで脳自身がオーバーランしないように防ぎ、脳の安定性を保とうとする。

では、「観点」とはどこで設定されているのだろうか。観点は、自分に「理解できる状況」または「体験可能な範囲」のエリアを決めている。それは文化によっても大きく異なる。その範囲内でのデータ処理は脳にまかせられるだろう。でも、これまでの観点で理解できないものに遭遇したら、それは体験の幅を広げるときであり、「魂」の出番なのだ。

脳で扱えない情報が魂に流れ込むと、圏外だった観点が視野に入ってくる可能性が生まれる。少しずつ観点が広がり、ただの「気のせい」だった物事も体験として扱えるようになる。大切なのは、今まで意識を向けたことがない自分の「観点」の限界、つまり境界域とその外側を観察することだ。そうすると意識の境界域で行われている、これまでに体験したことのない物事が視野に入ってくるようになる。

長年にわたり大切に培ってきた枠組みを見直すのは難しい。不安だし勇気もいる。何年も努力して育ててきた「自分」のなかに、いつの間にこんな頑なさが出来てしまっていたのだろう。習慣を変えるべきか？　これまでの経験は無駄だったのか？「私」とは錯覚にすぎないのだろうか？

「私は誰か?」との問いに対し「脳＝私」という回答がある。人間は考える葦《あし》、つまり考えている自分が私という人間である、というとらえ方だ。

しかし、人生で子どもの頃から脳がつくり上げてきた「私」は、本当の「わたし」ではない。もともと、肉体を持つ人間に生まれることを決めたのは魂だ。新しい命として人間の体験を通して学んでいくのも魂であり、老化した肉体を脱ぎ捨てて次の旅に向かうのも魂だ。決して「私＝脳」ではない。本当の「わたし」とは、肉体と脳を使いこなし、いま物質的な次元を体験している「私」を超えたものであり、それが「魂」なのだ。

ワンネス体験を通してハートで理解するのと、頭で理解するのとでは雲泥の差だ。ハートで理解すると、自分という魂の声が聞こえるようになり、人間に生まれた本来の理由と決意がより明らかになる。長いあいだ昏睡状態に陥っていた人が、やっと目覚めたような感覚だ。「今まで、僕は何をやっていたんだろう?」と、曇っていた空がすっきり晴れ渡り、太陽が顔を出したようにすべてがくっきりと鮮やかになる。

ワンネスを繰り返し体験して、「魂の声」と「脳の声」が区別できるようになった。

魂には時間が存在しない。魂にとって、物質的なモノは意味を持たないが、人間として学んだことや人と築いてきた関係性など無形の経験は宝となる。肉体はただの道具で一時的な形をとっているにすぎない。感情、とりわけ愛は魂の言語であり、宇宙とつながる鍵だ。

魂の声が判別できるようになると、魂からのヒントが心の中で聞こえ、魂の気持ちがはっきりわかる。ハートを通して魂からの情報があふれるように伝わってくる。安定した脳の次元とは異なり、魂の次元はダイナミックで非物質的なため、魂からのヒントのほとんどは脳の想像範囲を超える。新鮮で新しいトーンを帯びている。

皆がつながる魂の次元では、人の声や気持ちが聞こえることもある。人々の愛、心配、苦しみが自分のことに感じられる。魂の広大なビジョンの全貌は僕たちには見えず、そこから得られるヒントはまさにかけがえのない贈り物だ。脳が扱える情報の量と質とは比較にならない。魂は宇宙の流れがわかるので、時間を問わずほとんどすべての情報にアクセスできる。

心の中に魂とのアクセスポイントが開くと、つながるのは自分の魂だけではない。皆がつながっている魂のネットワークの海から、波のようにその音が心の中に響く。伝わってくるのは、無数の魂たちの考え、思い、イメージ、説明、声、決意……。宇宙は波に乗せてハートへと情報を送ってくる。情報の宛先は、決して脳ではない。

5章 ワンネスと日常世界

宇宙へ旅する

2004年当時はワンネスという体験が何なのか、まだつかめていなかった。宇宙や精神世界へ旅する一つの方法ではないかとも考えた。ワンネスが起こりはじめると回を追うごとに体験が深くなり、プログラムが進むように内容は少しずつ変化した。最初のうちは「地球の叫び」がテーマだった。そして「身体に魂が入る瞬間と出る瞬間の情熱的な思い」「頭で学ぶことと心で学ぶことの違い」「わたし＝生命＝宇宙」とさまざまにテーマは変化していった。もしかすると自分でテーマを決められるのではないかと、「宇宙へ旅する」というテーマでワンネスを誘起してみた。そうすると、今までにない宇宙の体験が始まった。

ワンネスを体験することと、宇宙をハートで体験することは同じだ。目で見る宇宙ではなく、心の観点で見るようになるので、ハートが惹かれる方向にしか開かれないビジョンだ。

ワンネスを起こして「私」が消えた瞬間、宇宙と一体になり、宇宙の波でサーフィンをするように宇宙のなかを移動しはじめた。「移動」といっても宇宙と一体になっているため、意識がおもむく方向や場所を観察するというビジョンの移動だ。

心で見た宇宙は光っていた。生命で光っていた。宇宙のいたるところで生命の息吹を感じ、数億の魂が集まっている宇宙の一角を何度も観察した。ワンネスで見る宇宙は何もない空虚な空間ではない。空気がない宇宙空間は空っぽだというのは人間の見方だ。僕が見た宇宙は、波が踊っていた。波は同じ方向に進むのでなく、逆方向に進んだり、横へ進んだりもする。壮大でパワフルだった。なかでも際立っていたのは、数億の小さな光の点だった。それらすべてが意識を持つ魂であり、宇宙のそこかしこに集まっているこの数億の魂が文明なのだ。意識が光る場所はいくつもあり、とても数え切れない。宇宙は意識で光っている。

それを見て、「宇宙人」という言葉があらためて不思議だなと思った。僕たちはみな宇宙でつながる小さな光の点だ。宇宙人とは僕たち自身のことなのだ。人種も国境も関係ない、境界のない観点から見れば、宇宙人と人間の区別などありはしない。

しばらくすると、宇宙へ旅しようという気持ちがなくなった。

宇宙は外の空間ではないと気づいたからだ。宇宙そのものが意識を持ち、さまざまな体験をしている。そこには人間であることの体験も含まれる。僕たちは「人間」の体験をしている宇宙なのだ。その思いは、その日、僕の心の一部になった。自転車に乗れるようになると、乗れなかった頃の自分には戻れないのと同じで、自分は宇宙そのものだということがわかってしまったら、もうそれを知らない自分には戻れない。そんな感じだった。

ワンネスへの道を消した日

自分でワンネスを起こすとき、なにより重要になるのは呼び起こす意図だ。「どういうものか見てみたい」「どんな感じがするのか試してみたい」といった好奇心では、残念ながらワンネスを誘起するのは難しい。なぜなら、ワンネスは次の次元を開く鍵のようなもので、何かを学ぶ必要があるとき、魂はこの鍵で――つまりワンネスで――次なる次元の扉を開くからだ。ワンネスを体験したいという欲求は脳由来の薄っぺらい興味にすぎず、ワンネスが求める心のありかたと折り合わない。もちろん、興味を持つのは当たり前だが、そこから始めるのは不適切なのだ。

ワンネスは心と身体の全体で体験する現象だ。外から様子を眺める体験ではない。ワンネスは人の心と宇宙を一体にする、生きた体験なのだ。「今日の午後4時頃が暇だから、ワンネスを起こそう」というわけにはいかない。

ワンネスを呼び起こすにはまず、自分の顕在意識が魂と深く親密な関係になければならない。その関係があってこそ、魂の望み、魂が必要とするものがハートを通して聞こえるからだ。魂の表現方法はさまざまで、小さな声のときもあれば、感覚や気持ち、気分や直感、虫の知らせという形で伝えてくるときもある。

僕には気分や直感として、魂の求めるものが聞こえてくる。波や風のように。後ろから波が押し寄せてきたり、そよ風がいつのまにか吹いてくるような感覚で、いつも驚く。

魂が何を求めているかわかったのは数年後だ。最初はワンネスを自分で起こしても、その先どうすればよいか、何が起きるのか、何もわからなかった。

ある日、することがなくて、ふとワンネスを誘起してその感覚でも楽しもうかと思った。

その瞬間、心に矛盾が生まれた。僕の要求とワンネスの次元がかみ合わない。はじめてだった。そういう自分勝手なきっかけはワンネス体験を汚すように思えた。ワンネスはあくまでも神聖な体験で、習得したりコントロールしたりできるものではない。

あるとき、ワンネスの状態を体験していて、光る液体が僕の頭上からお尻まで通り過ぎていった。その液体は白く発光しており、まるで意識を持つ宇宙が身体の中を通ったような感じだった。なぜそのような白く光る液体が僕の身体を通り過ぎていったのか、自分を観察してみた。おそらく、ワンネス体験のおかげで人にも世界にも広がっていた僕の意識や共感覚が、日常の現実を生きるなかでだんだん窮屈で偏狭になっていたのだろう。

きれいな水が流れていたはずの水道管が時間の経過とともに汚れていき、ときどきパイプの中を洗浄する必要があるように、僕というパイプにも汚れが付着し、光が通りにくくなっていたのを強制的に洗い流されたのだと思う。実際、その光る液体が通り過ぎたあと、僕は肉体的な痛みを感じた。

僕はもうワンネスを呼び起こす状態ではなくなったのに気づいた。心の掃除が必要だと思った。いつの間にこんなに汚れが溜まってしまったのだろう。

さらにもう一つ思ったことがある。ワンネスは、脳の「安定」への期待とは真逆に、つねに「変動」する。定められた形はなく、いつも変化している。躍動する宇宙と同じだ。僕が繰り返しワンネスを誘起するのも、ある程度、脳の期待通りだった。同じ現象を同じ形で繰り返し習得する。だがワンネスは野生動物と一緒で、自然のなかで環境と調和しながら生きている。行く先は本能次第。宇宙のバランス次第なのだ。

だからその日、ワンネスを解放することに決めた。

ワンネスの起こし方を忘れようと決めたその瞬間を、今でもよく憶えている。その決意はハートの奥から響いてきた。「今の心はワンネスを体験する理想の状態ではなくなった。ワンネスの起こし方を忘れ、もういちど違う方法でワンネスまでたどり着こう」と。

そして、心の中に刻まれていたワンネスへの道を消した。

記憶を消すのは不可能だろうが、あの日消したのは記憶ではなかった。なにか身体の中に刻まれていたもの、「道」のようなものだ。ワンネスが起こるとき、何らかのエネルギーがこの道を通ってハートに届く。するとそのエネルギーの強さでハートが開かれて輝く。数知れずそれを観察してきた。

その「道」を消した。自分の責任で決めたから抵抗も失望もなかった。これがいま、ワンネスに対して一番ふさわしい選択なのだと確信があった。ここから、僕の人生の新しい章が始まる。

あの日、僕は生まれ変わった。新しい自分が生まれたのだ。それは感覚でわかった。奥にあったものがようやく表に出たような感覚だった。ずっと外に出たかった自分が、やっと出られた。生きている感覚を初めてのことのように体験する、真新しい自分がいた。

多次元の感覚で日々を生きる

ワンネスを誘起する「道」を消した後、これからどうすればいいか、しばらく迷いの日々が続いた。

もちろんワンネス体験はとても懐かしく、何度もそこにまた戻りたいと思った。特にその体験で一番恋しかったのは、ワンネスを呼び起こして最初に通過するステージ1と2だった。それらの段階にはまだ脳が関わっており、記憶として自分のなかに刻まれているので、ふとしたことでその記憶が蘇ってくる（それ以上深く入るステージは、ワンネス状態にならないと思い出せない）。懐かしさは過去に対する郷愁であり、時間の次元を把握できるのは結局、脳なのだ。いったん「時間」を超えた次元に移ると、関わってくるのは魂となる。

ワンネスをはじめて体験したとき、僕はまだ大学生だったので、いろんな意味で未熟だった。社会経験も少なく、人間関係の大変さも、仕事をする過程で鍛えられるスキルも、国や地球の未来を担っていく責任感も、何もかもが中途半端で、いわば社会に出る前の猶予期間だった。

意図的にワンネス状態に入ることをやめた後、それまで経験してきたワンネスの世界や、スピリチュアルな次元で身につけた超感覚を日常生活にどう取り入れたらいいか、どうすれば活かせるのだろうかと毎日自分に問いつづけた。そしてこの美しい経験を、いつかまわりの人々に分かち合いたい、伝えなければならないと感じはじめてもいた。この体験は僕一人のためでなく、多くの人と「共有」しなければならない次元のものだと心の奥深くでわかっていたし、それを求める声がずっと魂の奥底で鳴り響いていた。

それには自分の精神性やスピリチュアリティを高め、日々の生き方や思いに注意を向け、人間としてもっと成長しなくてはならない。確かにワンネスの体験のおかげでスピリチュアルには愛にあふれた人間でいられたと思う。けれども社会人としての僕、この世界での僕は未熟な若者でしかなかった。ラジオの電波を変えるみたいに、スピルチュアルな次元の自分と、日常の未熟な自分とが違う波長で存在していた。

僕はいろいろ考えた末、社会人として未熟なままの自分では、ワンネスで体験したことを実際にこの世界で役立てることはできないという結論にたどり着いた。ワンネスを生かすには、自分のなかで魂がもっと自由に表現できるスペースをつくる必要があると感じたのだ。

つまり日常生活の「僕」を、魂のように「多次元」にしないと、この物質的な現実世界とワンネスの世界をつなぐ架け橋はできない。ワンネスの世界は多次元の多層構造になっており、そこには宇宙人やスピリット、霊といった目に見えないエネルギー体が存在する次元層も同時に存在している。しかし、地球上のほとんどの人の意識と生活は物質的な三次元という一層のみの中で成り立っているので、あえて多次元感覚を意識しておかないと、圧倒的多数の物質世界のなかに自分が埋没してしまう。そうなるとワンネス感覚がすぐに遠のいていってしまう可能性があった。

ワンネス体験は、ある意味では外国語を学ぶことにも似ている。それまで発想したことすらない観点から、考えたことも見たこともない現象、聞いたこともない音と、少しずつ親しくなっていく。新しい言語を学ぶと、観点が広がる。今まで見えなかったものが見え、アクセスできなかった本の内容や人々の会話がはっきり理解できるようになる。まったく知らなかった世界が目の前に開け、新しい情報が大量に流れ込んでくる。

僕は多次元感覚を鍛えるために、２００４年から中国語を学びはじめた。10代の頃、独学で日本語を勉強した際に、自分の意識がその遠い東洋の文化の影響を受けて柔軟性を持ちはじめたという実感があった。そこでふたたび新たな観点と柔軟性を得るべく、新しい言語を学ぶことにしたのだ。それと同時に、ソルボンヌ大学で専攻していた人類学に加え、別の大学で言語学も学びはじめた。

大学卒業後は二つの仕事をしながら資金を貯め、2年後に台湾の淡江大学でフランス語の助教授として赴任した。昼間は大学でフランス語を教え、夜は中国語のクラスに通った。それまで異国で生活したことがなかったので、台湾での日々は自分自身にとって大きな飛躍になったと思う。帰国後は中国語を使う仕事を見つけて就職した。

こうして複数の文化の影響を受け、複数の言語を使って生活していると、多次元チャンネルの自分が育っていき、フランス人のジュリアンという「個人」の壁がだんだん希薄になるのを感じた。それは魂のための複数の「窓」をつくることになったと思う。多次元の存在である魂は、一つの固定した考えや意識に縛られてしまうと自由な表現ができない。言語にかぎらず、新しい世界に触れ、別の観点や見方を学ぶことは、多次元的な人生を形成していくためにとても有益だと思う。

では、「多次元的な人生」とはどんなものだろうか。僕が観察したかぎり、魂には永遠の柔軟性があり、どんな状況でも共感《エンパシー》をもって乗り越えることができる。そんな魂の力をこの現実世界のなかで表現していく。それには「安定」より「変化」を基本とするマインドセットが望ましい。物質次元のこの人生では何事も変化しつづけ、永続的ではないと意識しておくことが重要だと思う。「物事はつねに変化する」という本質を忘れないでいることだ。

ノンローカルな魂の次元

あのとき集中的に体験したワンネスの世界を、その後の数年間は漠然としか考えられなかった。言葉を超えた体験をどう捉えればいいのだろう。言葉にしろ絵にしろ、この三次元世界の限られた表現方法のなかでそれをどう整理し表現すればいいのか、暗中模索がずっと続いていた。それでもあの体験を表わす言葉が一つ、また一つと見つかりはじめた。ひとことで言うとしたら、それはワンネス体験なのか、神秘体験なのか、至高体験なのか、どの言葉が一番ふさわしいのか。それだけでもずいぶん悩んだ。ワンネスという体験は、成就したり目標を掲げて到達するようなゴール地点ではなく、すでに存在している多次元世界に気がつく方法のひとつだと思うから……。

個人の次元を超えるワンネスの世界。はじめはその情報量と新しい感覚に圧倒されるばかりだった。でも繰り返すうちに少しずつ慣れていき、次第にワンネスという体験が身について自分の一部になっていった。

この体験を通して、僕は脳という器官の立場がはっきりと見えるようになった。前にも言ったが、「脳」は僕ではない。僕とは、脳と身体を道具として使っている、物質次元を超えた「魂」であることが明らかになった。魂が目的を持ち、物質次元への化身を決めた結果、僕は今ここにいる。

脳は魂が目的を達成するのを支え、助ける役目を演じているはずだ。ここで疑問が生じる。

では脳には魂の声が聞こえるのか、聞こえないのか？　それとも聞かないようにしているのだろうか？　僕たち一人ひとりが自分に問いかけてみるべきだと思う。

ワンネスを体験するたびに脳の限界を味わうことになる。まず、脳が設置した「時間」というコンセプトはワンネスの世界では存在していない。「僕」という社会的な立場も個人としてのアイデンティティも、ワンネスの次元では何の意味も根拠もない。お金や職業、社会的な地位や肩書きも虚しいものにしか感じられなかった。

残っているのは「愛」。無条件で無制限の、それまで感じたことのないひたすら大きくピュアな愛。ただ愛という状態がある。この愛を経験した後、僕は二度と同じ人間ではいられなくなった。この愛で、僕は根底から変容した。それからの人生の優先順位がまったく変わってしまった。その愛のおかげで、僕は二度目に生まれた。

そして僕は、できるだけこの愛のこと、魂の次元のことを人々に知らせたいと思うようになった。ワンネスの波動をどうにか世界の人に知ってもらいたい、と。

ワンネスの波動を広げたら、今の世界の波動をもっと高めることができるという希望が生まれた。でも、どうやって？　どうやってこの「ワンネス体験」を人々にわかってもらえばいいのだろう……。

すると、ふっと言葉がひらめいた。

他人を変えるより、自分から始めれば

この言葉は、はじめて日本に行ったときの思い出と結びついていた。1997年に日本を訪れたとき、僕はまだカタコトの日本語しかできなかった。滞在中に日本の新聞を読んでみようと思い、読売新聞を買った。でも語彙も理解力も乏しく、単語は読めても文章となるとほとんど意味不明だった。そこで、簡単に読める短文を探して新聞をスキャンモードで読みはじめた。するとこんな短い一文が目についた。

自分を変えると世界も変わる。

新聞の全ページを通して、この言葉だけが僕の記憶に残った。
僕がワンネスでかいま見たのは、波動とエネルギーのダイナミックな動き、魂が感じている気持ちとイメージ。そして僕たち皆がつながっていて、波動やエネルギーを相互にやりとりしていること。だから僕が自分をリフォームして変われば、僕自身がワンネスのエネルギーを中継できる媒体になれる。そう思った。

僕は僕自身を変えるために、脳と戦闘を開始した。戦闘とは少しオーバーだけど、脳の反応、脳の考え方、脳の言うことを徹底的に観察し、一つひとつ脳の表現方法を解体しようとしたのだ。ときには脳をからかったり、脳に「バカじゃないの！」と言ったこともある。目的は、魂と脳をはっきりと見分け、魂のためのスペースを頭の中につくることだった。

頭の中で、脳を観察する僕の会話が騒がしくなっていった。

どうして僕はこれをこのように見るのだろう？
それよりもっと理解ある視点があるのではないか。
今の判断は脳が言ったんだね、それは違うな。
この緊張感はどこから来ているんだろう？

脳が伝えてくる情報を意識で冷静に観察していると、脳は徐々に静かになってくる。脳が静かになると、次第に魂のかすかな声が聞こえるようなる。そうして魂の次元の扉が開きはじめる。魂の声だけでなく、人の思いや感情、守護霊のメッセージといったものも、どんどん聞こえてくるようなる。

そうやって僕は日常世界とワンネスの世界の境目に立つような日々を送っていた。

ところが、砂時計のように二つの次元をつなぐ狭いスペースに立った僕は、次々と送られてくる情報量に次第に飽和状態になっていった。ワンネスの世界から1分間に送られてくるデータ量を百科事典1冊分とすれば、脳に処理できるのはせいぜいその1ページ分程度。脳は電話を使ったネット回線で、魂は光ファイバーのネット回線と言えるかもしれない。宇宙人や肉体を持たないスピリットたちもワンネスの次元に属しており、ときどき彼らからもたらされる数秒分のデータだけでも飽和状態で茫然となるしかなかった。この二つの次元のあいだに立って、どう調和させればいいのか戸惑うこともたびたびだった。

自分のなかで魂のためにスペースをつくると、次に宇宙が訪ねてくる。

宇宙はさまざまな形で僕のもとを訪ねてきた。宇宙人として、守護霊として、自然界の精霊として。皆それぞれの表現方法で、宇宙の次元から無条件の愛と希望を伝えてきた。自分の内に宇宙とつながるスペースができると、彼らが示してくれる希望や愛を無視することができなくなった。それは、いま与えられた人生を精一杯生きる力になっていった。

宇宙という魂の次元では、「自分」「他人」「宇宙」というコンセプトの区別はない。現実を細かく切り刻む見方をするのは脳であり、意識を拡張することによって到達するワンネスの宇宙では、「自分」「他人」「宇宙」はたった一つの同じ観点なのだ。

ワンネスは宗教として成り立つようなものではなく、むしろ人間の可能性を広げるツールとして誰でも体験できたらいいと思う。そうすれば、あとはその人次第。ワンネスは宇宙の無限の可能性への扉だ。

でもいちばん大切なのは、僕たちは本当はすでに宇宙と一体であり、宇宙と協力しあって生きている命であるということ。それを思い出すことだ。


僕はフランス生まれで、基本的に特定の宗教を信じてはいない。カトリック系の小学校に5年間通い、イエスの人生やカトリックの基本的な知識については学んだが、キリスト教徒ではない。イエスが実際に歴史的に存在した人かどうか、僕にはわからない。存在したかもしれないし、そうでなかったかもしれない。そんな宗教観の僕がワンネスを体験した。それは人間として感じる愛をはるかに超えた次元で、素晴らしい気持ちだった。「気持ち」という言葉ではとうてい足りない。強く、すべてを包み、すべてに遍在する純白の光で現れた「愛」。この愛の有りようだけで僕の心は二つ切りされた。愛の強さに倒れ、がっくりと膝が折れ、ただ声をあげて泣くしかなかった。もし僕が宗教を信じていたなら、それは聖書や教典に書かれている神の愛、神の臨在だと解釈しただろう。

でも僕が経験したワンネスは、愛にもとづいて地球、宇宙、宇宙人の気配、守護霊、自然界……ありとあらゆる存在が関わっていた。意識が融合する感覚がすべてに広がって、皆が相互につながり、巨大なネットワークを構築していた。すべての存在が躍動する宇宙の一員であり、宇宙という壮大なネットワークに属しているのが感じられた。

そこに序列が存在する感覚は一切なかった。訪れてきた宇宙人が高度な意識と高い波動を持つ上層界の存在で、自分が下層界に住む未進化な生きものだと感じたようなことは一度もなかった。逆に、皆が素晴らしい「宇宙」というネットワークで結ばれており、宇宙の微小な一部である僕たちは同時に宇宙全体を含んでいた。

この体験を言葉にすると、本来の次元が失われてしまう感じがしてならない。

皆がつないでいる様が宇宙である――そんな「宇宙」を体験した。

ワンネスを体験したときに見えた、そのつながりから「美」が生まれる。その美に対して心が感謝でいっぱいになった。「いっぱい」というより、心から感謝があふれ出てきたといったほうが正しいかもしれない。感謝と幸せ、そして極限の美への感動が一つになって、その振動で心が強く震えるほどだった。

日常に戻ってくると、一生忘れられない心深く刻まれた経験に呆然となった。脳での解釈はあとからやってくる。気持ちが落ち着いてくると脳がモノローグを始めた。

「今のはなんだった？」

「どんな意味だっただろう」

「これからどうすればいいんだろう」

脳はワンネスと違う次元で働いている。ワンネスを体験すると脳がシャットダウンし、脳が働いているときにはワンネスが起きない。水と油のように、混ぜようとしても混ざらない。ワンネスと脳はすれ違う。

脳は、過去、現在、未来を計算するスーパーコンピューターであり、日常生活ではもっとも必要なものに違いない。でも、もう一度ここで強調しておきたいのは、自分が「私」だと思っている私は脳がつくったもの。真正の「わたし」はノンローカル（非局在＝遍在）であり、時間にも空間にも束縛されない、肉体の死を超えている存在だ。

ノンローカルな意識で生きたいと思うなら、まず自分をよく観察し、脳がつくり上げている自分と、魂の自分を見分ける必要がある。そのためには自分の内側に生じるすべての考え、感覚、気持ちなどをつねに客観的に俯瞰して観察してみること。朝起きてから夜寝るまで観察しつづけ、一つひとつの「源」をすべて確認する。それは自分の脳が考えたことか、他人の意見や感想の記憶か、魂からのメッセージなのか。あるいは肉体からの警告か、宇宙存在や守護霊からのアドバイスか……。

そうやって「自分」に起こってくるすべての情報の源を見分けていくと、どれがノンローカルな次元からのメッセージなのか判別できるようになってくる。

個人の意識から集合意識へのアセンション

東西冷戦の時代、アメリカとソ連はいろんな面で競い合っていた。農業の生産量、兵器の開発、人類初の月面着陸、すべてが資本主義と社会主義のどちらが正しいかを世界に誇示するための手段となった。

人間の超能力の研究も米ソ間で競われた。1970年当時、そういった研究はアメリカではCIAが、ソ連ではKGBが担っていた。主な目的は、敵国の秘密の軍事基地がどこにあり、何をしているかを探り出すことだった。そして相手国の要人を遠隔でメンタルコントロールするといった諜報活動も超能力によって行われていた。

また自国にいながら敵国の情報を得るために、遠隔透視（リモートビューイング）という手法も両国で熱心に研究された。アメリカでこの研究を主導したのはラッセル・ターグ博士とハロルド・パソフ博士で、彼らはインゴ・スワンというニューヨーク在住の画家と出会ったことで超能力研究に力を注ぐようになる。両博士はインゴ氏がセンサーの温度を遠隔で変えたという科学記事を読み、インゴ氏との超能力研究に乗り出したという。博士らがインゴ氏とどのような超能力研究を行っていたかは20年後に本として出版されている(ラッセル・ターグ、ハロルド・パソフ著『マインド・リーチ――あなたにも超能力がある』集英社、1978年)。インゴ氏は両博士に遠隔透視の手法を教え、二人がCIAの選んだ兵士たちにそのスキルを伝えていたようだ。現在でもCIAには遠隔透視のチームが存在しているらしい。

インゴ氏いわく、精度の高い遠隔透視を行うために一番重要なのは、頭の中のノイズを静かにすること、そして「意識は時間と空間の制限を受けない」ことを理解することだという。つまり、意識を時間と空間に制限されないノンローカルな状態に保つのだ。ターグ博士は「いよいよ〝時間〟と〝空間〟という人間の制限を超える時代に入ったと思う」と述べており、ノンローカル意識は身体（もしくは脳）から生じるのではなく、身体を超えた「時間と空間に制限されない状態」から発生していると指摘する。

インゴ氏によれば、遠隔透視の能力は頭の中のメンタルノイズによって制限を受ける。もしそのノイズ（解釈、判断、評価、ラベルづけといった脳の活動）をスイッチオフできれば、「超能力」というノンローカル意識を使うスキルを鍛えることができるというのだ。

インゴ氏の言葉は、僕の心に強く響いた。ワンネスを体験するあいだに僕はそれと同じ現象を何回も観察していた。インゴ氏がいう頭の中の「ノイズ」を静かにできれば、僕たちはノンローカル意識（つまり魂）とつながることができる。そこが鍵だ。

振り返ってみると、僕の子どもの頃からの体験はノンローカルな次元とつながるトレーニングになっていたに違いない。あのときに、脳が扱う世界と魂のノンローカル次元をつなぐドアの鍵を受け取っていたのだ。

2006年のある晩、僕は強い警告感で目を覚ました。誰かがアパートに入ってきたという強い感覚があったのだ。僕の意識は身体から抜け出ていった。誰かが僕の意識を身体から取り出したみたいな奇妙な感覚だった。部屋の中が水槽になったかのように、僕の意識はその水槽に浮かんでいた。ある方向を見るだけでも高い集中力を必要とした。すると、誰かが部屋に入ってきた。それはかつて僕が感じていた「気配《けはい》」だった。ただ、このとき僕は身体から抜け出た意識でその気配《けはい》を見ていた。

その「気配《けはい》」は男性の印象だった。身長約170センチ。髪はまったくない。大きな目で僕を見つめながら近づいてきた。この時点ですでに恐怖感で意識がフリーズしていた。なぜ彼が現れたのか理由がわからず、僕の意識は彼に向かって集中していった。できるかぎり遠く離れたいと感じているのに、彼に接近していくしか選択肢がなかった。彼の目からわずか2センチほどの至近距離で対峙した。

きれいなブルーの肌、瞳孔は人間と同じ形でシルバーグレー。強く印象に残ったのは彼の目から発せられた意識だった。その目で僕の心は奥底まで見通された。そう感じて恥ずかしさでいっぱいになった。彼はただ僕を見つめていただけ。なんの評価も表現もしなかった。完璧にニュートラルな態度をずっと保っていた。でも僕のすべてを見通してしまう彼には何も隠せない。僕はなんて汚い人間なんだろうと思った。彼の目の奥には壮大な宇宙が広がっていた。全宇宙を映し出すような、はるかに違う次元が現れていた。

その後、何が起こったかはよくわからない。残念ながら記憶が残っていないのだ。今も思い出せない。

この出会いの影響で、翌日から3日間ほど、自分の波動が影響する範囲が広がったように感じた。第六感の感覚も鋭利になった。まるで違う惑星から戻ってきたような感覚が続いた。遠い異国の旅から帰ってきた直後に、いつもの見慣れた日常が違って見える時のようだった。ただそれと違うのは、自分の全身の波動が変わってしまったという感覚だった。

しかもその日、この印象的な気配の訪問を体験したのは僕だけではなかった。ちょうどそのとき、コネチカット州出身のアメリカ人の友達が僕の家に泊まっていた。

この夜、彼もとつぜん警告感で目が覚め、魂が身体から抜け出した。彼の魂は部屋の天井まで飛んでいき、そこから「ケープを着てフードを被った誰かが部屋に入ってきたのを見た」という。その侵入してきた「誰か」からは壮大な意識を感じて畏怖をおぼえたが、その後の記憶はない。ただ、人間ではない存在が僕のアパートを訪ねてきたことだけは翌日もはっきりと憶えていた。彼にとってはこういう超常現象を体験するのは初めてだったこともあり、いまだに印象的な出来事として克明に憶えているそうだ。

友人の名はクレッグという。知り合ったのはパリで2006年、偶然にも臨死体験に詳しい人だった。彼はパリに来る前、コネチカット州立大学で臨死体験の研究をしている心理学者ケネス・リング博士の助手を務めていた。そして臨死体験をした人たちのインタビューを準備し、彼らの共通点を探り出してリング博士と研究の解釈について討論をかさねていた。80年代の後半、クレッグはその仕事を通じて臨死体験研究の最前線にいた。

1992年にケネス・リング博士は『オメガ・プロジェクト――UFO遭遇と臨死体験の心理学』（春秋社、1997年）という本を出版している。この本のなかで、博士はUFO遭遇体験と臨死体験の様子、体験者たちのその後の人生や意識の変化を比較し、UFO遭遇と臨死体験は同じような目的で起こっているのではないかという結論に達している。UFOや宇宙人との遭遇体験と、臨死体験という現象にはそれまで何の関連性も見出されていなかったので、リング博士のこの本は大きな反響を呼んだ。

僕がこの本を読んだのはUFOをはじめて見た頃で、リング博士のUFO遭遇と臨死体験の解釈、その体験が起こる要因、さらにその結果についての見解をとても新鮮に感じた。

リング博士によると、ＵＦＯ遭遇体験および臨死体験をした人たちには、共通して次のような人格的変化が起こっているという。

1. 他者への思いやりが増大する
2. ありのままの自分を受容する
3. 生命への畏敬の念が起こり、環境問題や生態系への関心が高まる
4. 物質的な欲求よりも精神的な豊かさを求めるようになる
5. 精神的な知識への関心が高まる
6. 死への恐怖感が完全になくなる

僕はこのリストにもう一つの変化を加えたいと思う。それは、この体験によってスピリットに対する感覚が開かれ、インスピレーションが高まるということ。

リング博士が論じたように、ＵＦＯや宇宙人に出会う体験も、死の淵まで行くという臨死体験も、僕たちを次なる次元へと引き上げるための、宇宙からのサポートだと解釈していいだろう。

個人の意識に変化を起こすことが超常現象の目的だ。直感力や第六感が高まった次なる人類は「個人の意識」でなく「集合意識」をベースとして行動するのではないかと僕は思う。

臨死体験をした人のほとんどが地球に戻りたくなかったと語る。ただ、あの世の次元で学んだ共感《エンパシー》や無条件の愛を、せめて家族や友達と分かち合いたいという思いで肉体に戻ってくる。そして、もとの生活を違うマインドセットで再スタートするのだ。

もし僕たち一人ひとりにこういう意識の変化が起きたなら、地球全体が変わっていく。きっとそれは本当の平和な時代の始まりになるだろう。

臨死体験をした人たちは、彼らが見た「あの世」の体験を語っている。20年前にはそのような話を公然とするのは難しかったけれど、その後、臨死体験者による多くの本が出版され、今ではずいぶん世の中に受け入れられていると思う。なかでもアニータ・ムアジャーニという末期癌患者だった女性が、臨死体験のあとすべての癌が消滅し、完全に健康になったという実話をつづった『喜びから人生を生きる!――臨死体験が教えてくれたこと』（ナチュラルスピリット、2013年）は世界的なベストセラーになった。

彼女は臨死体験中の出来事をこう記している。

「宇宙は生きていて、意識で満たされており、すべての生命や自然を包み込んでいるのだと悟ったのです。あらゆるものが、無限の〝全体〟に属していました」

僕もワンネスの体験者の一人として、これからもっと多くの人々にこの体験を分かち合えたらと願っている。そして多くの人たちとともに、次なる次元に移行する準備をしておきたいと思う。

そのためのヒントは、折にふれて向こうの次元からやってくる。

6章　エピローグ

アニアのこと

この本を終える前に、アニアのエピソードについて書いておきたいと思う。

話は僕がソルボンヌで人類学を学んでいた頃にさかのぼる。

あるとき、ポーランド人のアニアとペアを組んで、クラスで研究発表をすることになった。

テーマは「極東ロシアとモンゴルのシャーマニズム」。僕はシャーマンについてもっと知りたいと思っていたので、その発表はちょうどよい機会だった。

アニアはポーランドのクラクフ市近くから来た女性で、高校でフランス語を学び、ソルボンヌに入学した。ロシア人とポーランド人は比較的短期間で外国語をマスターできる。フランス語が流暢な彼女もその一人だった。彼女は家族から距離を置こうとフランスに留学してきたのに、外国暮らしはやはり辛そうだった。同じヨーロッパ圏とはいえ、言語も文化も違うことで生じるストレスもあった。それに立ち向かうのは、まだ学生だった彼女には簡単なことではなかったに違いない。

僕たちが親しくなったのは、このときの発表がきっかけだった。ポーランド人としての彼女にはロシアの国や文化、ロシア人に対する見方があり、それが僕にはとても新鮮だった。ポーランドの文化についてもアニアはいろいろと教えてくれた。

発表のテーマである極東ロシアとモンゴルのシャーマンの世界は奥深く、とても興味を引かれた。ロシア人とモンゴル人などのアジア系民族が出会う極東ロシア、モンゴル。この地域は二つの異なる世界がぶつかる場所だ。正教徒の白人と、アニミズム信仰を持つアジア系先住民。アニミズムとは、生物も無機物も含む自然界のあらゆるものに霊が宿るという世界観だ。そのなかでシャーマンは、目に見える世界と霊の世界との「架け橋」の役割を演じる。この世とあの世に同時に属し、性別もなく両性具有とみなされる。架け橋の役割はスピリチュアルなシーンだけに限らず、社会的、個人的、生活習慣上の場面にまで幅広く及ぶ。

シャーマンは、生まれたとき身体に何らかの証《あかし》を持つという。霊の世界が赤ん坊の身体に印を刻むのだ。手の小指が二つに分かれていたり、皮膚の斑点などはその証だと言われる。幼少期に向こうの世界に呼び出されるような変性意識状態を体験し、それらを通じてシャーマンとしての能力を開花させ、住民たちに認められるようになる。

発表の日は金曜日の午後。早春の頃だった。

不安な気持ちで教室の前に立ったが、タイトルだけで注目を集め、思っていたよりスムーズにいった。発表が終わると先生やクラスメイトからさまざまな質問を受け、実り多い時間となった。

授業のあと、二人で話をしながらオデオン駅に向かった。

駅に着いて別れようとするとアニアが言った。

「待って。聞きたいことがあるの」

「なに？」

「今日発表した内容、信じてる？　シャーマンが目に見えない世界とのやりとりを担うって」

「僕は本当だと思う」

「そう思う根拠は？」

こう聞かれたのは初めてだった。その根拠。目に見えない世界が存在すると信じる根拠を。

一瞬、僕は無言になった。

「ジュリアン、あなたが簡単に物事を信じる人じゃないって知ってるのよ。だから説明して。どうして信じているの？」

逃げ場がないとひるんだ瞬間、彼女の後ろに見えない存在を感じた。

〈アニアに言いなさい、見えない世界を信じている理由を〉と心に響いた。

僕は言った。

「アニア、話が長くなるかもしれないから、お茶でもしない？」

そして彼女の質問に答えるため、僕はカフェで今までの体験をかいつまんで何とか話した。

話が終わるとアニアは言った。

「人生ってここだけの世界じゃないのね。よかった」

そのカフェでも、彼女の背後の存在はずっと僕らを見つめていた。そして存在の気配から読めてきたことがあった。アニアはいま悩みを解決するための新しい見方を探している。自分がこれからどうなるのか、様子を見ている。

僕の体験がアニアに役立つのだろう。役に立つなら、それでよいと思った。

それまで、目に見えない存在からのコミュニケーションは宇宙人に限られていた。だがアニアの後ろの存在は宇宙人でも亡くなった人の霊でもなかった。どういう存在なのだろう。

別れ際にアニアが言った。

「ジュリアン、あなたはシャーマンだと思うわ」

「そんなことないよ。身体に特に変わった印もないし」と笑って答えた。

「でも、二つの世界に架け橋をつくる人よ。それは確かね」


その夜、アニアは自分の部屋で気配を感じたという。それは玄関のところに立って、少しずつ近づいてきたらしい。

アニアが僕に聞いた。

「その人は、亡くなった人の霊だったのかしら?」

「そうじゃないと思う。肉体を持たない存在。いつかは人間に生まれるかもしれないけど、今のところは肉体がない。そんな存在」

「どうして来たの?」

「さあね、どうしてだろう。でもそういった存在は、何を彼らが言ったかよりも、何を体験させられたかが重要だと思う。言葉で説明するのは難しいけど、彼らは言葉ではなく波動で情報をやりとりするんだ。昨夜、何か感じなかった？」

「よくわからない。なんとなく玄関の近くに誰かがいるという感覚だったわ」

「それが波動だよ。見えなくても心でわかる。間違いなく何かを感じている。波動が弱いと気づかないこともあるけど、強いときは波に巻き込まれる感じなんだ」

「どうして波動を使うの？」

「たぶん、言葉の代わりじゃないかな」

「言葉の代わりかどうかわからないけど、とにかく怖かったわ」

「そうだろうね」

それからアニアは頻繁に気配を感じるようになった。

彼女と話していてわかったことがある。波動を感じるのは能力があるからではない。感じる側は受け身にすぎず、感じられるかどうかは向こう（スピリットか宇宙人か）次第なのだ。でも一度その存在を感じ、それが気配の波動だと気づくと、次に同じ体験をしたときには無視できなくなる。目に見えない世界を波動で感じるようになるのだ。感じなかった自分にはもう戻れない。波動を感じる器官が覚醒したあとは、体験するたびに少しずつその器官が鋭敏になる。するとそれまで体験していた現実が、より深まっていく。それが宇宙人や目に見えない存在の本来の目的ではないか。一人ひとり、彼らに目覚めさせられるのではないだろうか……。僕はそう思うようになった。

アニアはフランスでの暮らしにだいぶ慣れてきたが、それでもときどき強い不安を感じるようだった。「友達だから、なにか力になれることがあれば教えて」と彼女に言うと、不安に襲われたときに電話してもいいかと聞く。それから週に一、二度、電話がかかってくるようになった。ときには2~3時間もの長電話になることもあった。当時は携帯電話の通話料がまだまだ高く、彼女は公衆電話からかけてきていた。だからその時間をできるだけ有効に使うようにした。

しばらくすると、2004年に兄の家に住んでいたときと同様のシナジーが、アニアとの電話でも働きはじめた。少しずつ、アニアは波動に敏感になっていった。

ある日、電話ボックスにいた彼女が言った。

「ジュリアン、いま私の家に誰かがいるのを感じるの。家のどこにいるかまで、はっきりとわかる。透視してるみたいに。いま、私の家に誰かいるでしょう?」

「……うん。僕もそう感じる。遠隔透視だね、これは」

「もう、家に帰りたくない！　怖すぎる。この話はやめましょう！」

「怖いのはわかるけど、怖がっても状況は変わらないよ。いま君の家に気配がいるのは確かだから、彼らに直接聞きなよ。何の用かって」

「ジュリアン、お願いだからその話はやめて。家に帰れなくなるから。別の話をしましょう。お願い」

「わかった」

アニアからは夜はいっさい気配の話をしないでくれと頼まれた。話をするだけで、気配を感じるようになるから怖いというのだ。その恐怖心は僕にもよくわかった。


ある日、彼女が不思議な夢の話をしてきた。夜のあいだ、夢の中に入ってくる人がいるという。突然、夢の中で名前を呼ばれてその声で目が覚めると、部屋に気配を感じるのだと。

最初は気のせいかと思ったが、次の日も、また次の日も同じことがあったらしい。1週間その夢が続いたことで、アニアはその気配についてすこし詳しくなった。気配は男性で、アニアとほぼ同い年、国籍はドイツ人。アニアのことをよく知っているみたいだった。

「なぜ来るんだい？」

「わからない」

「亡くなった人の霊？」

「ううん、そうじゃない」

「じゃあ、何だ？」

「前世で知り合った人かもしれない。そういう絆を感じる」

しばらくたった頃、今度は女性の気配が現れるという。その気配は毎晩必ず来る。アニアはその気配を怖がるどころか、逆に面白がっている。国籍はなく、亡くなった人の霊でもない。今は肉体を使っていない存在で、波打つ茶色の長い髪をしているという。アニアにはそれが波動で見えた。

ある日、彼女と電話していて、僕もアニアのもとを訪れるその長い髪の女性と出会うことになる。

アニアは異国の生活によるストレスで以前より頻繁に不安に襲われるようになり、しょっちゅう電話をかけてきた。不安や悩みがどんどんエスカレートし、僕は何を言えばいいか、返答に窮し、黙り込んでしまうときもあった。

その夜、すでにアニアと2時間話し込んでいた。彼女の悩みに対するアドバイスも対策も底をついた。当時、僕が住んでいたアパートはワンルームで、玄関脇に調理スペースがあり、そこで電話をしながら夕食を作っていた。フライパンが焦げないよう注意しつつ受話機を頭と肩で支えて話すという、けっこう注意力のいる体勢だった。アニアの相談に答えられなくて立ち往生していると、左側の玄関に髪の長い女性が現れ、こちらを向いた。僕は逃げ場を失い、料理から手を放すこともできず、しまったと思った。

女性は僕の左肩にそっと手を置いた。その瞬間、アニアに言うべき言葉が口をついて出てきた。「今は心理的レベルで悩んでいるだけだから、スピリチュアルな視点から見ると日常の物事が簡単に解決できるよ。一番大切なのはスピリチュアルの次元だから」

アニアはその答えにすぐ安心したようだった。

「ジュリアン、ありがとう。その言葉で癒されたわ」

アニアを訪れる気配たちは、おそらくワンネスを体験したときに人々のまわりに見えたものと同じなのだろう。守護天使か、守護霊か、そのいずれかかもしれない。このときはまだ僕のなかでワンネス体験が「処理中」だった。それなのに、さらに新しい現象が出てきたら自分の世界観がもっと揺らいでしまうのではと不安になった。

ここでふと心に変化が起きた。僕は起きた現象を自分が思う現実の形にはめ込もうとしているのかもしれない、と。自分は本当にバカだ。宇宙の豊かさを小さな箱に閉じ込めようとするなんて。コントロールを手放そう、目の前の現象を宇宙の案内役ととらえよう。なぜこの現象が出てくるのか、これは何？　あれは誰？……と追求するのをやめよう。ただ観察して、対応できることには対応し、わからないことは学び、ヒントが必要だったら直接宇宙に聞いてみる。そう心に決めた。

２００５年の冬、友達と一緒にはじめてポーランドへ行き、クラクフとオシフィエンチム（ドイツ語名アウシュヴィッツ）を訪ねた。歴史と旧ソ連の影響力を色濃く感じる旅だった。「鉄のカーテン」という言葉をよくテレビで見聞きしていたが、現地に行くとその意味を実感する。１９９１年までのヨーロッパは二つの世界に分断されていた。その異なる世界観が今の東西ヨーロッパを形づくっている。アニアはこの国から来たんだ、と旅をしながら何度も思った。文化的な隔たりを感じる長い旅だった。

パリに戻ったあと、旅のことを話そうと思い、アニアを家の夕食に招いた。ポーランド名物のピエロギという餃子のような料理でもてなすことにした。生地を作るのに時間がかかり、アニアが着いたとき、僕はまだピエロギの具を茹でているところだった。

食事の支度をしながら、ポーランドへの旅の話をした。それから長い髪の女性の話を始めた。以前の電話でのアドバイスはじつは僕の考えではなく、アニアの夢によく出てくる女性からのメッセージだったと伝えた。

「え？ジュリアンの夢にも彼女が出てきたの？」

「いや、夢じゃなくて、ここに来たんだ」

アニアに詳しくその様子を話していると、いつの間にかその女性の気配が玄関に立っている。僕はアニアに何も言わなかった。玄関は僕の後ろにあり、アニアは僕と向かい合って座っていた。女性が僕の後ろを通ってアニアのそばに近づくと、アニアが言った。

「いま、彼女がいるでしょう？気配を感じる」

「うん、いるよ」

「私のそばに立っている感じ」

「僕もそう感じる」

「なに？誰かが私を抱きしめた、いま……」

そして、アニアは泣きだした。

「どうした？」

「なぜかわからないけど、感謝と愛の気持ちでいっぱいになった……あ、もう帰ったわ！」

確かに女性の気配は消えていた。

「今のは何だったの？」

「君の守護天使だと思う。それは貴重な経験だよ。大切にして」

「うん」

「不安に襲われたら、まずはスピリチュアルな次元で見て。それから、君は一人じゃないことを忘れないでね」

「ありがとう」

「僕じゃなくて彼女がそう伝えたかったんだよ、きっと」

それ以来、アニアは不安に襲われる回数が減った。もちろん日常のストレスが完全になくなったわけではないが、一時期にくらべて目に見えて好い状態になった。彼女は少しずつ心が癒されていった。


翌年、アニアはソルボンヌ大学を卒業し、数年後にポーランドに帰国した。フランスで生活した8年間でさまざまな体験をして、ここでなければ今の自分になれなかった、パリでの経験のおかげで強くなり、やっと帰国できるようになったと彼女は言った。

ＩＰ電話が導入されてから、全ヨーロッパ中どこでも無料で話せるようになった。フランスからポーランドへもかけ放題になり、さらにフェイスブックなども登場して、国どうしの距離は飛躍的に縮まった。

ある日、ポーランドのアニアと電話しているとき、例の女性の気配を感じた。それだけでなく、女性がアニアの家にいることがわかった。

それを言うと、「知ってる。だけどその話はしたくない」と彼女。

「なぜだい？」

「もう、話を変えましょう。怖くなるから」

「怖くなる？　何が？」

「もうよしましょう、この話」

ドアが閉じた。その存在についてアニアと話すことは不可能になった。

パリに住んでいた頃に助けてくれた存在が怖いとは、いったいなぜなんだろう。

その後、ポーランドにアニアを訪ねたことがある。クラクフの彼女のアパートに着いた瞬間、長い髪の女性の気配を感じた。最近よく来ているという波動だった。つまり、アニアが守護霊を求める精神状態にあるということだ。

夜になり、その女性が現れた。彼女はアニアと直接コミュニケーションをとりたがっていた。そう伝えるとアニアは拒絶反応を示し、おびえる一方だった。二、三回話してみたが、結局アニアはこう言った。

「私はジュリアンと同じじゃないわ。怖いのよ。ジュリアンがパリに戻ったあと私はどうすればいいの？　今は仕事に集中して前に進みたい。不安定な精神状態に戻りたくないのよ」

それを受け入れるしかなかった。

僕はその存在の心の痛みを感じた。でもそれぞれが歩みながら道を選択するわけで、その選択は互いに尊重しなければならない。

それがアニアを通じて学んだことだった。アニアを守護する存在は、僕を通してアニアとコミュニケーションをとりたかったに違いない。しかし、それには三者全員の同意が必要だ。一度通じたとしても、二度通じるとは限らない。

それは良いか悪いかの問題ではなく、アニア自身の魂が決めた道なのだ。

行くべき道を自分で決め、進むこと。魂にとって、選択できるという以上の喜びはないだろう。

バランス

「目で見えない世界」と「目で見える世界」の境界は、僕たちの目が決めている。現実にはそんな境界は存在しない。それは虹と同じような現象で、波動が変わることで別の色に見えるだけだ。目で見える虹の色は七つでも、実際には赤外線や紫外線などの目に見えない色が無数に存在している。

僕たちの精神世界も、この自然現象と同様の多層構造をしている。虹のアーチが外側の赤から内側の紫まで七色の層で一つの虹をなすように、人の精神世界も多くの次元が層になって一つの世界を構成している。タマネギのように幾重にも層をなし、一番内側にある芯は物質的な次元に属する。中心から離れれば離れるほど層は薄くなり、最外層は宇宙というスピチュアルな次元と完全に一体化している。

物質の次元に生きる僕たちは、それと同時に目に見えない次元にもエネルギーを送っている。意識が広がるにつれ、各層に自由にアクセスできるようになる。それぞれの層に特定の見方、観点があり、そこで得られる情報や学べる内容は途方もなく多岐にわたる。そして、自分が人生を体験している物質的な次元——目で見える世界——は、目には見えない世界を反映していることが実感されてくる。

僕はワンネス体験のなかで前に述べたステージ3に達してから、人間のまわりにいるスピリットが見えるようになった。一度体験した現象はすでに身体が憶えている。泳ぎを習得したら忘れないのと同じで、身体が自然に思い出す。

ワンネスの世界でスピリットたちが見えるようになると、彼らのほうでも僕のことが見えるようになる。僕は彼らの存在を否定できないし、彼らからの呼び出しを無視することもできない。スピリチュアルな次元に存在する彼らは、僕という存在を、物質的な次元に情報を送るチャネルと見なすようになったらしい。アニアとのあいだに起こったようなことが、ほかの人との関係でも起こりはじめていた。つまり僕はいつの間にか、見えない世界からのメッセンジャーの役目をするようになってしまったのだ。

ここで、注意すべきことは「バランス」だ。

自分が「今ここ」で人間として生きているのは、生まれる前に魂が決めたことだ。物質的現実の次元で体験する日常のもろもろは魂にとって貴重で、そこでの試練は魂を鍛える糧となる。

でもスピリットガイドや守護霊といった存在からのメッセージを重要視するあまり、日常の生活をおろそかにすれば、肉体を持って生きているバランスが崩れてしまう。「今ここ」で体験している人生の意味を見失ってしまうおそれがあるのだ。スピリチュアルな世界や宇宙のどこかへ行くことよりもっと重要なのは、目の前にいる人を大切にし、ふだんの日常生活を大切にすることなのに。

僕はワンネスを体験する前、日常生活を淡々と送ることに興味を失った時期があった。スピリチュアルな次元に夢中になるあまり、物質的な現実での生活をつまらなく感じるようになったのだ。スピリチュアルな世界での体験は、日常生活にくらべて強烈なインパクトがある。だから、意識していないと興味がスピリチュアルな現象へとどんどん引っぱられてしまう。物質的な現実への関心が希薄になり、スピリチュアルな世界のほうをリアルな現実だと思いこむようになる。これは誰もが陥りやすい罠《わな》だ。

僕の場合、大きくは二度、精神的なバランスを崩してしまったことがある。冒頭に書いた通り、はじめてUFOを見たのが高校生のときで、まだ精神が安定しておらず自己観察力も浅かった。そのため、刺激的な現象にいとも簡単に巻き込まれてしまった。そしてソフィーと始めたチャネリングでさらにもう一度、現実へのグラウンディングを失っている。

その後、僕はワンネスを体験し、スピリチュアルな存在と関わるようになった。しかしこのときもバランスを保つ方法を試行錯誤しなければならなかった。アニアのように、見えない世界の存在たちとのネットワークを完全に閉ざすのでもなく、スピリチュアルな情報や現象に夢中になって過信するのでもない、「中庸」を見つけること。それがスピリチュアルな世界観を持ちながら今の現実を生きるための重要なファクターだと思う。

意外にも、その中庸とは、「今」の現実にグラウンディングし、自分の人生を生きることにあった。

高校生のとき試験勉強に集中していると、宇宙人の〝訪れ〟が頻繁になり、大学時代も、仕事を始めた頃も同じ現象が起こった。物質世界で忙しくなればなるほど、スピリチュアルな次元も活性化されていく。つまり自分の人生にしっかりと根を下ろし、グラウンディングするほど、宇宙人や守護霊といった存在のエネルギーとのシナジーが活発に働くのだ。

動けば、宇宙は後押ししてくれる。

前向きな人生の目的を活性化させるたび、宇宙という巨大な鏡は僕たちの思いを映し返してくれる。しかも宇宙が返してくれるのは、宇宙から見た僕たちの思いだ。「僕」という一人の人間を超えてはるかに大きく広がった視点で、その思いを返してくれるのだ。自分一人ではとうてい想像もできない宇宙次元のアイディアが、何度送り返されてきたことか。

宇宙とともに働くことは、シナジーを生む。


だからスピリチュアルな現象に接したときには、その意味をあれこれ考えたり現象を追いかけたりするより、それと同じだけのエネルギーを「今」の日常世界に注ぐことだ。たとえば新しい企画を実現させたり、友達に会ったり、文化的なイベントに参加するなど、できるだけ「人と関わる」活動をする。そうすれば、スピリチュアルな現象で受け取ったエネルギーを物質的な次元で人々と分かち合うことができるし、それがグラウンディングにつながって未来へのヒントが湧いてきたり、シンクロニシティが起こりやすくなる。それを僕は数え切れないほど体験した。

そうするうちに、スピリチュアルな体験をしても、「今ここ」で体験している物質的な現実とのバランスが保てるようになっていく。だんだんと両方の次元が融合し、一つの現実として体験するようになるのだ。

双方のバランスがとれてくると、高次元からのエネルギーや情報、光を、この三次元世界に運ぶことができるようになる。これもチャネリングのひとつだ。基本的にチャネリングの目的は情報の伝達であり、情報をもたらすこと、架け橋の役目を果たすこと、通訳すること。どれも基本的には同じプロセスだ。

「架け橋」となるときに必要なのは強い柱だ。ゆらいでも崩れない、安定した自己。そのために必要なのは、まずはグラウンディング――「今」をいつでも最優先にすること。そして宇宙の豊かさを精一杯味わうこと。できるだけ幅広く人々と関わる体験を重ねること。宇宙の豊かさを享受するには、人を理解しようとする努力が不可欠だ。人を自分と同じように感じられるまで共感力を磨いていく。まわりの人や物事と自分の心が一つになると、宇宙の心が見えてくる。

この三次元に存在する人やものとの一体化は、宇宙との一体化の第一歩となる。人と自分のあいだに境目がなくなると、宇宙という愛にもとづいた壮大なネットワークに接続できる。そうすると、愛の大切さをあらためて知るようになる。

現在、僕はパリで暮らしている。日常を送りながら、自分の意識のなかに魂のためのスペースをもっと広げようと、仕事でも家族や友達との関わりのなかでも、自分の意識をつねに観察し、よりよい方向にいくよう力を尽くしている。

人を支えるというプロセスにいると、こんなふうに変化してくる。

- 「自分」という存在が控えめになる
- ほかの人たちが自分と同じくらい大切な存在になる
- 頭の中のノイズ（脳の雑音）が少なくなる
- 人のニーズが自分のニーズと同等になる

共感力が高まり、「自分」という自我の殻がだんだん薄くなるにつれ、自分と他人は別々の存在ではないということが実感としてわかってくる。誤解のないように言っておくと、これは自分が人から感化されたり影響されやすくなるということではない。自分もほかの人々もみな等しく宇宙を構成する一員であり、すべてがつながっている、という感覚だ。これがワンネスに近づく道となり、生きとし生けるものすべて、つまり全宇宙への愛に近づく練習となる。

この意識状態を深めるために、そして宇宙のリズムに近づくために、僕は2015年、パリでコミュニティガーデン協会を立ち上げた。目的は、都会に暮らしながら自然のリズムを理解すること。野菜を育てることを通して、人々が互いに協力しあって生活することを体験する。僕自身、さまざまな人と知り合い、一緒に働き、自然のリズムに親しむことができる。少しでも都会に緑をとり入れたいと今日まで続けている。パリという都市に250平米の野菜畑が存在することで、ポジティブなエネルギーを世の中に広められたらと思っている。緑が豊かになると、その空間が多少なりとも宇宙の波動と調和し、ヒーリングされるように感じている。

コミュニティガーデン協会では、僕は宇宙人の話は一切しない。そんなことを話題にしなくても、自然を近くに感じることはできるし、参加メンバーも十分心が癒されている。メンバーが時間と空間を超えるノンローカル意識を体験できるよう、僕に可能な範囲でサポートできれば何よりも幸せだと思う。

日本での講演会

2017年1月下旬、仕事でカリフォルニア州パームスプリングスの隣町、ランチョミラージュで開催された作家フェスティバルに参加した。そこで面白い出来事があった。そのフェスティバルに参加する作家を手伝う合間に、ほかの作家の講演をいくつか聞くチャンスがあった。3日間にわたり行われたフェスティバルのその年のテーマは、「アメリカ元大統領の親戚から見た大統領の役割とアメリカの歴史」。ルーズベルトやトルーマンという姓を持つ作家の講演もプログラムに掲載されていた。

勉強のため、可能なかぎり講演を聞いた。もちろん英語の講演だったが、聞きやすいものもあれば聞きづらいものもあった。僕が申し込んだ講演に、ケネディ一家についてのものがあった。その作家の話は理解するのに非常な集中力を必要とした。英語の訛りもあって話の中身がはっきりとせず、具体的に何を言いたいのか、話の筋がよく見えない。それでもどうにか理解しようと集中して耳を傾け、ひたすら聞こうと努めた。話のメモをとらなくちゃ、と汗をかいた。

すると突然、その講演内容とは何の関係もない話が頭の中に降りてきた。必死でその言葉を書き取った。メモには次のような日本語が記されていた。

9月に東京で発表する。29歳から36歳までの変化について

↓ドアが開いた（宇宙への）

テーマ毎で発表

テーマの一つ：神秘体験

↓ワンネスの起こし方を述べる

そのままメモを3ページも日本語で書きつづけた。熱心に書いている僕を見て、隣の人が「何語でメモをとっているんですか？」と聞いてきた。「日本語です。日本語でメモしたほうが便利なので」と答えたが、正直、もはや講演の内容は何ひとつ聞いていなかった。

書き取っているあいだ、ただ降りてくる情報を解釈も評価もせず、ひたすらメモすることに没頭した。この内容の話をすると思っただけで心が喜ぶのを感じた。これは正しいことだという確信があった。こんなに心が喜ぶんだから、なにか向こうにも理由があるのだろう。

じつはこれに類する出来事は、以前からときどき起こっていた。彼らはいくつもの国でさまざまな人にコンタクトしているが、ときおり物質次元での助けが必要となる。そういうとき、僕にできることがあれば彼らから呼び出しがかかる。

彼らの手伝いをしているのは僕だけではない。宇宙人はすでに地球の人々の大きなネットワークを持っているはずだ。いろんな人間と関わりながら、少しずつ地球のエネルギーレベルを上げている。

僕が今まで宇宙人たちに紹介されて会った人のほとんどは、すでに彼らのことを理解していた。だから、彼らはたくさんの人たちと関わっているのだろうと思う。

冷静になると、日本でいま何が起こっているのだろうと疑問が湧いてきた。僕が感じたところでは、宇宙人はたびたび日本に対して何らかの目的で働きかけをしていると思う。

宇宙人とのやりとりの中で、かいま見てきた現象がある。

宇宙意識と僕たちの意識が交流するには、コンタクトしやすい民族や文化があり、逆にコンタクトしにくい民族や文化がある。彼らは西洋的な個人型の意識よりも、集合型の意識とのほうがコミュニケーションしやすい。その点で、日本人は宇宙人たちと話が通じやすいと僕はずっと感じていた。

ヨーロッパやアメリカだと、個人としての強い意識があるので、まずは個々人のパーソナリティを通らないとコンタクトできない。しかも集合型の意識からのコンタクトは、個人型の意識によって「気のせい！」と簡単に却下されてしまうのだ。僕も西洋人として、何年間も宇宙人からのメッセージを却下しつづけてきた。気のせいだ、バカな話じゃないかと……。僕という個人の意識を守るために、強い拒絶反応を繰り返してきたのだ。もちろん、今はそうしていない。

そんなわけで、カリフォルニアでそのメモをとったとき、これからどうするかはもう明白だった。こういう「メッセージ」が届いたのは初めてではなかったし、彼らはすでに東京で何かしているのだろうと感じられた。東京で宇宙人やワンネスの話をする必要があるから、それを手伝うために僕に白羽の矢が立ったのだろう。

日本なら、テンプルビューティフルの菜央子さんにコンタクトすればすぐに実現するに違いない。彼女は僕にワンネスの情報を教えてくれたまさにその人で、それ以来の友達だ。さっそく菜央子さんに連絡を入れて、セミナーの可能性を打診してみた。こういう話を受け入れてくれる人はとても稀で貴重だ。菜央子さんの素速い理解と積極性がとてもありがたかった。

そして僕が宇宙人とワンネスについて話す日程と会場が決まった。セミナーの内容はワンネスに集中。プラス、魂・メンタル・肉体の分け方について話したほうがよいとメモには書き残されていた。

セミナーの内容を準備するにあたり、ワンネスに関する情報を集める必要があった。ところがワンネスの体験を思い出そうとすると、必然的にワンネスのステージ1と2を何度も起こすことになった。最初はなぜだろうと疑問に思ったが、それは記憶の問題だと気がついた。前にも話したように、ワンネスに関わる情報は脳には記憶されない。ワンネスのことはワンネスの次元、すなわち時間と空間を超えたノンローカルな魂の次元に記憶されている。つまり、ワンネス体験をまとめるためにワンネスの記憶を引っぱり出そうとすれば、ステージ1と2を誘起する以外に思い出せる方法がないのだ。

こうしてセミナーの準備をする過程でワンネスの誘起を体験し、日常と違うエネルギーレベルに触れたことはとても助けになった。ワンネスの最初のステップを起こせば自分のエネルギーレベルが瞬時に変わり、違うコンセプトや宇宙の情報にアクセスできることを体験して、さらに理解を深めることができた。

２０１７年10月。僕が宇宙人とワンネスについて話すセミナーは無事、東京で開催された。ワンネスについて話そうとすると、大勢の人の前にもかかわらず、何度もワンネスが起こりそうになった。そのたび言葉に詰まり、涙があふれて立ち往生した。話題を変えたり数字を思い出したりして、講演中のワンネスの誘起を繰り返し止めなければならなかった。

セミナーはあっという間に終わり、準備していた内容のすべてを網羅することはできなかった。でも、そのおかげで僕の体験を本にまとめたらどうかと菜央子さんから打診があり、こうして本を書くという機会に結びついている。

最後に、僕の好きな宇宙についての見解を引用しながらこの本を終わりたい。

デヴィッド・ボームというアメリカの物理学者が、１９８０年にホログラフィック宇宙論のなかで提唱している「内在秩序」の概念だ。

内在秩序の主な特徴は、あらゆるものの中に全宇宙が内包されており、あらゆるものが全宇宙に内包されているということだ。

その通りだと思う。僕たちは、全宇宙を含み、宇宙に含まれているノンローカルな意識存在なのだ。

この観点を受け入れると、目の前に無限の可能性が開いていく。

あとがき

いつかこの体験が誰かの役に立つのではと、１９９７年から宇宙人に関する出来事やスピリチュアルな現象をノートに書きとめてきた。

そういう体験を言葉にするのは簡単ではないと何度も実感しながら、その時々に可能な言葉で書くという形で記録してきた。その過程で、〈こういう書き方はどうか？〉〈この言葉だよ〉などという声が心で響くことがよくあった。

それが僕のチャネリング体験だったと思う。ノートを書くときの貴重な手助けになった。「僕は一人じゃないんだ、よかった！」と何度も救われる思いがした。数年後、ワンネスを体験し、道行く人々に寄り添う霊やスピリットガイドを見たときも、やはりそう感じた。

この本を書く目的も同じだ。これは僕一人ではなく、宇宙人、スピリットガイド、守護霊など、多くの存在の力添えによって書き上げたものだ。

この本の目的はあくまでも可能性の範囲を広げること。

頭だけでなく、心で、ハートで人生を味わうことがとても大切だと、あらためて言いたい。ハートは宇宙への扉だからだ。

最後に、この本を読んでくださった方にお願いしたいことがある。

読み終わったらすぐ、自分のスピリットガイドや守護霊とコンタクトしてほしい。心の中で話せばよいのだ。

まず感謝する。「今までいろいろ助けてくれてありがとう」

知らないあいだに何回も助けられているはずだし、これからもお世話になるからだ。

そして「もっと効果的な協力ができるよう、眠っているあいだに話してみたい」と言ってみてほしい。

そこから、あなたの冒険が始まる。

2019年3月、パリ

ジュリアン・シャムルワ

ある日、ノートにむかっているとき、こんなメッセージが心に浮かんだので書きとめた。あれからときどき初心に戻るため、祈りのように読み返す。すると心が癒される。

Rappelle-toi l'immensité de l'univers,
la vie qui y grouille et ne fais qu'un avec lui.

Rappelle-toi la vaineté de l'attachement au corps,
la vacuité du moi, de l'identité.

Rappelle toi le lien qui existe entre toutes choses,
celui qui nous unit dans un seul règne:
celui de la vie, de la compréhension, de l'amour dans l'unité.

Rappelle toi comme la vie, comme vivre est
une sensation électrisante, au delà de la passion,
vivre est une expérience d'amour du tout.

Rappelle toi tout cela.

思い出して、宇宙の壮大さを
そこにあふれ、一体となった生を

思い出して、身体に執着する虚しさを
自我への固執、「私とは」と問うことの無意味さを

思い出して、あらゆるものの絆を
私たちを生命、思いやり、愛が一体となった世界に
結びつける絆を

思い出して、生命とは、生きるとは
感動的な刺激であることを
生きるとは情熱を超え、すべてを愛する体験だということを

それらを全部、思い出して

著者

ジュリアン・シャムルワ　Julien Chameroy

1980年、フランスのブルゴーニュ地方、ディジョン市に生まれる。パリ第5大学で人類学修士および言語学修士。台湾の淡江大学外国語文学部でフランス語助教授を1年間つとめ、帰国後、パリ第3大学で教育科学博士。

2014年、米国の知人が展開するパンケーキレストランの店舗をパリに開業。同年、元同僚たちとアジアに向けたビジネススクールISMACを立ち上げる。2017年にJardiniers du 5eme協会を設立、翌年、パリ5区で初めてのコミュニティガーデンをオープン。現在はパンケーキ店を経営し、ISMACでマネジメントとビジネス展開を教えながら、都会の中心に自然との絆を取り戻すことを目的に、コミュニティガーデンの活動に力を注ぐ。

16歳でUFOを目撃して以来、謎の宇宙人との交流が始まり、なんの予備知識もないままに繰り返しワンネスを体験。その現象を長年つぶさに観察した手記から本書が生まれている。

日本語は1994年より独学を始め、留学生との交換学習などを通じて会話を習得。日本語能力試験1級、華語（台湾中国語）文能力測験B1取得。著書に、台湾でのフランス語テキスト『法文凱旋門 Clés du français』（聯經出版社）、フランスの日常会話と旅ガイド『用法國人的一天學法語』（我識出版社）。

オフィシャルサイト https://doorway-to-oneness.com
フェイスブック https://fb.me/doorwaytooneness
インスタグラム https://www.instagram.com/chameroyjulien

企画・プロデュース

光田菜央子　Naoko Mitsuda

広島県生まれ。1993年3月、有志数名とともに日本エドガー・ケイシーセンターの設立に関わる。ひまし油などのケイシー製品を販売する通販ショップ、テンプルビューティフルを1996年にスタート、現在に至る。毎週金曜日、さまざまなトピックでメルマガ配信中。

テンプルビューティフル https://www.caycegoods.com
ブログ https://caycegoods.exblog.jp

ワンネスの扉
心に魂のスペースを開くと
宇宙がやってくる

●

2019年5月5日　初版発行
2024年7月27日　第6刷発行

著者／ジュリアン・シャムルワ
企画・プロデュース／光田菜央子

装幀／斉藤よしのぶ
編集／秋田幸子

発行者／今井博揮
発行所／株式会社 ナチュラルスピリット
〒101-0051 東京都千代田区神田神保町3-2 高橋ビル2階
TEL 03-6450-5938　FAX 03-6450-5978
E-mail: info@naturalspirit.co.jp
ホームページ https://www.naturalspirit.co.jp/

印刷所／シナノ印刷株式会社

ISBN978-4-86451-300-5 C0011